GÜTERSLOHER
VERLAGSHAUS

Gütersloher Verlagshaus. Dem Leben vertrauen

Irmtraud Tarr

Lob der Herzensbildung

Gütersloher Verlagshaus

Bibliografische Information der Deutschen Nationalbibliothek
Die Deutsche Nationalbibliothek verzeichnet diese Publikation in der
Deutschen Nationalbibliografie; detaillierte bibliografische Daten sind
im Internet über http://dnb.d-nb.de abrufbar.

1. Auflage
Copyright © 2008 by Gütersloher Verlagshaus, Gütersloh,
in der Verlagsgruppe Random House GmbH, München

Dieses Werk einschließlich aller seiner Teile ist urheberrechtlich geschützt.
Jede Verwertung außerhalb der engen Grenzen des Urheberrechtsgesetzes
ist ohne Zustimmung des Verlages unzulässig und strafbar. Das gilt insbesondere für Vervielfältigungen, Übersetzungen, Mikroverfilmungen und
die Einspeicherung und Verarbeitung in elektronischen Systemen.

Umschlagmotiv: © ImagePoint AG
Satz: Katja Rediske, Landesbergen
Druck und Einband: CPI Moravia Books s.r.o, Pohorelice
Printed in Czech Republic
ISBN 978-3-579-06983-8

www.gtvh.de

Inhalt

7 *Statt* eines Vorworts
Herzensbilder für eine Freundin

I. Das Herz – mehr als eine Pumpe

20 Den richtigen Wolf füttern
22 Auge des Herzens
26 Herz contra Disziplin
31 Feuer entfachen

II. Grundhaltungen

38 Neugier
41 Achtsamkeit
45 Hören statt gehorchen
49 Gefühltes Wissen
54 Sich selbst verstehen
57 Respekt vor anderen
60 Loriot lässt grüßen
63 Sich einfühlen
69 Klüger als das Herz

III. Herzensgefühle

74 Warum so herzlos zum Herzen?
79 Der Stimme des Herzens Gehör verschaffen
84 Gefühle regulieren
87 La Traviata oder Fußball?
91 Dunkle Herzensgefühle

96 Helle Herzensgefühle
99 Beherztheit
104 Verlässlichkeit
107 Erfüllter Augenblick
111 Eigene Fährten
114 Ist das Wesentliche wirklich unsichtbar?

IV. Kontinente der Herzensbildung

120 Übergangsräume
127 Musik
130 Lesen
133 Theater
136 Natur
139 Malerei

V. Wofür Herzensbildung?

144 Den Blick heben
148 Herzensbildung
150 Leidenschaftliche Herzensbildung

153 Nachwort (Dr. B. Reiter)
159 Literatur

Statt eines Vorworts

»Ausbilden können uns andere,
bilden kann sich jeder nur selbst.«
Peter Bieri

Dieses Zitat spiegelt den Anfang der Herzensbildung:
Man bezieht sich selbst als ganze Person ein, konfiguriert
sich und entwickelt eine eigene Sprache der Seele.

Herzensbilder für eine Freundin

Du hast mich neulich gefragt: Wie hältst du es mit dem
Herzen? Plötzlich tauchte ein Bild in mir auf, das mich
seither nicht mehr verlassen hat. Der Schmetterling.
Die alten Griechen – wie übrigens auch die Russen –
hatten für die Seele und den Schmetterling ein einziges
Wort – psyche. Die Seele, so meint die Sprache, sei also
leicht und beweglich, taumelnd und schön und voll
bunter Farben. Du hast mich zu weiteren Fragen angeregt: Gehe ich noch Träumen nach? Habe ich noch
Wünsche, Hoffnungen? Was brennt in mir? Wann hat
meine Seele Flügel?
Wie der Schmetterling, so bin auch ich ein Langstreckenläufer, dem man die Mühe des Laufens meist nicht
ansieht. Als Überlebenskünstlerin habe ich alle Herausforderungen und Krisen irgendwie überstanden. Ich
war schon bei der Beerdigung vieler dabei: Freunde,
Verwandte, Bekannte. Sie alle schienen viel robuster als

ich. Aber warum habe ich bisher überlebt? Ich glaube, das hängt mit meiner Flexibilität zusammen, die mir half, mich an all das anzupassen, was das Leben von mir forderte. Ich besitze viele Farben, Formen, Figuren. Und das Wichtigste – ich bin leichtfüßig. Ich gehe leicht durch das Leben. Deswegen habe ich auch die Orgel und das Tanzen gewählt, weil sie mir gestatten, als leichtfüßige Tänzerin meine Figuren zu drehen. An der Orgel bin ich selbstvergessen, mühelos und ganz bei mir. An der Orgel erlebe ich, was es heißt, mit dem großen Ganzen verbunden zu sein. Sie überwindet die Trennung, den Abgrund, und verwandelt ihn in einen Raum, in dem ich mich mitteilen und verständigen kann. Ein Raum, in dem ich mich gänzlich aufgehoben fühle.

Ich fühle mich wie ein Falter, der auf einer Alpwiese von einer Blüte zur anderen gaukelt. Nicht zielorientiert, effizient, durchdacht, karriereorientiert, sondern verspielt tändelnd von Blumenkelch zu Blumenkelch. Manchmal verharre ich auf einer Steinplatte, lasse mich von der Sonne wärmen und döse. Ich liebe es, wenn ich nicht ortbar bin, wenn niemand weiß, wo ich mich gerade befinde. Nicht sehr lange – dann ziehe ich weiter meine Girlanden durch die Luft und glitzere wieder. Ich liebe den Regenbogen, die Tautropfen, den Raureif, weil sie meine vielen Farben spiegeln.

Den Menschen würde ich am liebsten sagen: »Fangt mich, wenn ihr könnt!« Das hat mit meinem Wunsch zu tun, einfach fortzufliegen, nicht festlegbar und kategorisierbar zu sein. Und wehe, es versucht jemand, mich in eine Schublade zu stecken. Im Handumdrehen fliege ich auf und davon. Zu meiner Leichtigkeit gehört aber auch meine Verletzlichkeit. Ich bin leicht irritierbar. Selbst die kleinste Störung kann mir schlaflose Nächte bescheren. Meine Heiterkeit kann sich wie ein Gespinst auflösen, und ich fühle tiefste Ungeborgenheit. Wie ein Falter, der von einem Zweig heruntergefallen ist. Mich tröstet, dass es den Zweigen egal ist, wenn ich falle. Sie warten auf mich, bis ich der Schwerkraft des Falls ein Schnippchen schlage, mich aufschwinge und mich ihnen wieder anvertraue.

Ich liebe die Gedichte von Eichendorff, Mörike und Fontane. Sie berühren mein Herz. Alle drei haben den Schmetterling besungen und Respekt gezeigt vor seiner Friedlichkeit, Versöhnlichkeit – Eigenschaften, die ich zu meinen guten zähle. Mir liegt die Musik von Chopin, Schubert, Rimsky-Korsakoff, die ebenfalls dem Schmetterling ein Denkmal gesetzt haben. Am meisten berührt aber haben mich die Schmetterlinge, die die Kinder des Konzentrationslagers Auschwitz gemalt haben – als Symbol der Freiheit und des Wunsches, »einfach davonzufliegen«. Wenn ich mir das vergegenwärtige, dann scheint mir der eigene Wunsch, der mich in schwierigen Situationen immer wieder einholt, geradezu banal.

Zum Herzen fällt mir auch die herzhafte Mahlzeit ein. Herrlich finde ich, dass sich das Wort Schmetterling vom Dialektwort »Schmetta« ableiten lässt, was so viel wie »Sahne« heißt. Im Mittelalter glaubte man nämlich, dass Schmetterlinge Hexen seien, die Milch nippten und Butter naschten – daher meine Liebe für Milch, Joghurt, Quark und Käse. Sie alle sind Ingredienzen, die für mich zu einer herzhaften Mahlzeit unbedingt dazugehören.

Mich fasziniert die Art, wie Schmetterlinge dafür sorgen, dass ihnen die Nahrung nicht ausgeht. Wenn sich ein Schmetterling auf einer Blütenpflanze niederlässt, heftet sich der Blütenstaub an seinen Körper. Wenn er auf einer anderen Blüte landet, um Nektar zu saugen, wird der Blütenstaub wieder abgestreift und besamt die Blüte. Diese Art der Kooperation hat beiden das Überleben und die Entwicklung gesichert. Ich habe mich allerdings eher zu einer Spezialistin entwickelt, die nur an bestimmten Blüten Nektar aufnimmt. Das hat Vorteile – ich begebe mich nur zu Blüten, bei denen relativ wenig Konkurrenzkampf besteht. Der Nachteil ist, dass meine Nahrungsquellen temporär knapp werden oder gar abhanden kommen. Dafür geht es aber friedlicher zu und ohne diese entnervenden Rivalitäten, Konkurrenzrangeleien und Gockeleien.

Meine Devise könnte lauten: Klein ist fein. Du magst jetzt widersprechen: meine Orgel sei doch ein großes Instrument. Doch die Orgel ist zweierlei: ein großes Orchester aus Streichern, Bläsern und Schlagwerk, aber eben untergebracht auf kleinstem Raum. Für mich ist sie ein Rückzugsbiotop. Ein Ort, an dem ich vor dem Zugriff der Menschen geschützt bin. Ein Ort, an dem ich eine Weile wirbeln kann, bis sich meine innere Ordnung wiederherstellt, an dem ich vibrieren und brummen kann, bis ich wieder sanft werde.

Ich fühle mich in kleinen Räumen, Plätzen und Orten wohl. Ich finde es unnütz, mehr Gewicht einzunehmen, als nötig ist – im übertragenen Sinn. Warum sollte ich mehr tun, was mit weniger getan werden kann? Was leicht ist, muss nicht oberflächlich sein. Im Gegenteil, ein Minimum an Masse verbunden mit einem Optimum an Funktion – weniger ist mehr! Nicht Größe, sondern Optimierung! Das könnte doch auch für unsere Zeit ein Leitmotiv sein.

Der Schmetterling hat an seinen Samtpfötchen feinste Sinnesorgane, mit denen er die Nahrung riechen kann. Während bei normalen Menschen die Füße Schweißgerüche ausdünsten, kann ich mit den Füßen Musik machen und mit den Zehen spielen. Deswegen liebe ich das Pedalspiel an der Orgel. Es gibt wenig, was mich stärker beflügelt als ein virtuoses Pedalsolo, wenn die Füße, wie bei anderen die Hände, leicht und antennig spielen. Das ist Körperfreude pur!

Ich bin kurzsichtig wie ein Schmetterling, dafür nehme ich jede atmosphärische Schwingung wahr und höre gut. Ich gebe eher akustische Signale von mir, vor allem, wenn ich mich gestört fühle, dann brumme und knurre ich. Und wenn ich mich sehr freue, dann jauchze und quietsche ich vor Spaß – ähnlich wie eine bestimmte Schmetterlingsart: die Totenkopfschwärmer.

Immer wieder muss ich meine Form aufbrechen, sonst ersticke ich. Mein Leben ist ein unaufhörlicher Prozess der Formveränderung – vom Ei zur Raupe, von der Raupe zur Puppe, von der Puppe zum Falter, und vom Schmetterling wieder zum Ei. Ich habe viele Metamorphosen hinter mir, trotz meinen vielen Wandlungen gibt es Vieles, was ich beibehalten habe: meine Freunde, für die ich durchs Feuer gehen würde, die Musik, das tägliche Schwimmen und Lesen. Auch wenn meine Masken und Rollen wechseln, verliere ich keinen Moment den Kontakt zu meinem inneren Regisseur, der die Übersicht behält.

Wie die Schmetterlinge halte ich mich meist nahe am Boden oder unmittelbar in der Nähe von Hecken und Bäumen auf, wenn nicht gerade ein Aufwind mich in die Höhe nimmt. Am meisten verwandt fühle ich mich mit dem Taubenschwänzchen, das im Flug sogar stillstehen und rückwärts fliegen kann wie ein Kolibri. Wie die Wanderfalter verlasse ich mich nicht nur auf meine Eigenleistung, ich lasse mich auch von Höhenwinden tragen, auch wenn diese mich manchmal schwindelig machen. Natürlich sind die langen Flüge energieraubend, deshalb lege ich immer wieder Ruhepausen ein – am Meer, im Grünen. Mir fällt es leicht, Orte und Standpunkte zu verlassen. Wenn sich Beziehungen oder Arbeiten ausgelebt haben, kann ich leicht gehen. Das hat zu tun mit meiner Reaktion auf Mangel oder Entbehrung. Aber im Grunde reagiere ich nicht, ich weiche eher aus, weil ich schon die ersten Zeichen einer sich anbahnenden Veränderung erahne und erkenne.

Als Stratege der Anpassung werde ich nicht nur von den Verhältnissen beeinflusst, ich beeinflusse auch meinerseits die Mitwelt, die sich mir anpasst. Das nennt man in der Biologie »mutual fit« – kein statischer Zustand des passiven Aneinander-Angepasstseins, sondern ein dynamischer Prozess wechselseitiger Beeinflussung. Ich weiß, dass meine Art zu leben Auswirkungen hat, allein mein häuslicher Raum mit den Instrumenten wirkt und steckt an. Ich weiß aber auch, dass wir vorsichtig sein müssen mit unseren Worten, weil diese oft lebenslange Folgen für andere haben können – im Guten und im

Schlechten. Es gibt Sätze, die mich erlöst haben, und es gibt andere, an denen ich heute noch kaue. Wir müssen behutsam miteinander sein, unser aller Haut ist dünner, als es uns lieb ist.

Was wünsche ich mir? Einen mobilen Geist zu bewahren, der kreativ ist und sich etwas einfallen lässt. Ich bin kein Kämpfer, ich bin eher auf Verteidigung bedacht. Dazu zähle ich auch die Camouflage, meine formhafte, gelegentlich sogar bewegungsmäßige Anpassung an meine Mitwelt oder die Präsentation von Pseudo-Pflichterfüllung, fast ein bisschen stoisch, meine Augen auf unendlich stelle und mir meinen Teil denke. Oder ich fliege davon, verschwinde, ähnlich wie manche Raupen, die sich in Gefahr an einem Seidenfaden abseilen, und sobald die Gefahr vorüber ist, hangeln sie sich wieder empor.

Viel Feind, viel Ehr? Wer verletzlich ist wie ein Falter, ist auf Schritt und Tritt bedroht. Der größte Feind der Schmetterlinge ist der Mensch – vor allem seine Sammelwut, die lebendige Schmetterlinge in aufgespießte Kadaver verwandeln muss. Menschen zerstören mit den Schmetterlingen einen Teil ihrer selbst – die Fähigkeit, in der Natur unbeschwertes Leben und Schönheit zu beobachten, um Nahrung für Phantasie, Intuition, Schönheit und Weisheit zu erhalten.

Deswegen finde ich so wichtig, dass wir wieder auf unser Herz hören und begreifen, dass wir uns selbst unser Grab schaufeln, wenn wir das Schöne ausrotten und nur auf Effizienz setzen. Ein Umdenken ist nötig. Eines, das von Herzen kommt, das erkennt, dass wir ohne den Sinn für Schönheit nicht leben können.

Schönheit empfinde ich, wenn ich beim Musizieren mit anderen in eine wechselseitige Bewegung komme, wo schon kleine Impulse anstecken und in ungeahnte, wilde Choreographien führen. Schön finde ich Menschen, die sich verletzlich zeigen. Menschen, die sich einer Sache voll und ganz hingeben, und Kinder, wenn sie spielen. Immer wenn Menschen über sich hinauswachsen und sich für etwas ausgeben, was sie größer macht, dann empfinde ich Schönheit. Das geht mir zu Herzen.

Je länger ich über die Schmetterlinge nachdenke, desto mehr Parallelen finde ich. Auch ich pendle ständig zwischen intensivem Handeln und extensiven Träumen hin und her. Auch ich neige zu relativistischem Denken. Die Dinge sind nicht so einfach, wie sie scheinen, aber auch nicht so schwierig, wie sie manche machen, oder wie manche sie uns weismachen wollen.

Ich denke elastisch. Das mag merkwürdig klingen, aber ich kenne beides. Flexibles und rigides Denken. Ich kann bei einem Gespräch von meiner Meinung eine Zeit lang abweichen und immer wieder unbeirrt zurückkommen. Ich gebe im Nu nach, wo dies angezeigt ist, und höre an einem bestimmten Punkt auf nachzugeben. Vielleicht ist es das, was das Herz elastisch hält – nachgeben und wenn es darauf ankommt, unbeirrbar sein.

Du hast mich neulich gefragt, was mich lebendig hält. Heute sage ich, das weite Herz und eine gesunde Portion Trotz. Ich glaube, wir brauchen beides. Aber beinahe hätte ich das Wichtigste vergessen – die Liebe natürlich.

                    Deine Freundin
                        Irmtraud

I. Das Herz – mehr als eine Pumpe

Wer geht für einen Computer durchs Feuer? Wen inspiriert das Abarbeiten von Zahlen? Wen wärmt das Lächeln seines Laptops? Wen ermutigt ein Notebook zu neuen Lösungen? Auch der Professor mit dem Superhirn steckt keine Studenten an, es sei denn, er schafft es, sie emotional anzusprechen und zu begeistern. Vielleicht hatte er das Glück, einem Vorbild zu begegnen, das ihm diese Strahlkraft vermittelte, das es verstand, ihn zu berühren und zu motivieren. Oder vielleicht besitzt er dieses Talent, ohne zu begreifen, was ihm diese Ausstrahlung verschafft hat.

Viele spüren längst dieses Defizit. Rankingtabellen, Notendurchschnitte, Testergebnisse – die neue Normalität – beeindrucken vielleicht, aber sie entfalten keine Wärme und verhindern Begegnung. Das ins Zentrum gerückte Wissen und die Intelligenz haben uns zwar lange Zeit fasziniert, aber mittlerweile räumen selbst Wissenschaftler, Psychologen und Minister ein, dass das Ideal eines Menschen mit purer intelligenter Energie und unbegrenztem Wissen unrealistisch sei. Auch um die jüngste Pisa-Studie schwelt ein Streit, der das ganze Projekt beschädigen könnte. Die Losung »es wird wieder gepaukt« wurde für viele der Inbegriff vom mittlerweile schief gewordenen Turm von Pisa. Statt als Chance der Erkenntnis befürchtet man nun Tests als Vorboten eines Strafgerichts, was in Deutschland nach Reinhard Kahl dazu führt, »… dass die Latte so hoch hängt, dass es für Schüler näher liegt, darunter durchzukriechen als darüberzuspringen«. Inzwischen ist man nachdenklich geworden und ruft nach dem »Ende der Testeritis«. Auch an diesem Symptom kündigt sich an: Es geht um mehr

als um zielgerichtetes Trainieren, kaltes Wissen oder die Platzierung auf Skalen.
Und damit haben sie recht. Die Herzenskultur ist Notstandsgebiet. Die Symptome dafür häufen sich. Die blanke Vernunft scheint alles zu garantieren, was für berechenbare Erfolge wichtig ist: Ellenbogen, Unbeirrbarkeit, Logik, strammer Egoismus. Herzensgefühle, so glauben heute noch viele, bringen Gedankenschwäche, Unberechenbarkeit, Ungenauigkeit, Kopflosigkeit, Ablenkbarkeit und wenig Belastbarkeit mit sich. Auch das stimmt, solange Emotionen ungepflegter Wildwuchs sind, Vegetation einer Herzenslandschaft, die nicht kultiviert wurde. Wer kennt nicht das Überschwappen von Gefühlen, die Gefühlsseligkeit, die Vehemenz ungesteuerter Gefühle, das Entgleiten in überbordende Empfindungen, was man nur allzu gern Frauen zuschreibt? Die Abwertung von Emotionen ist mindestens ebenso prekär wie ihr ungezügeltes Ausbrechen.
In der alten Industriegesellschaft des vorigen Jahrhunderts genügte es noch, auf schulisch eingeprägtes Sachwissen ein Leben lang zurückzugreifen. Hans Magnus Enzensberger hat darauf hingewiesen, dass heute schon eine Ausgabe der »Bild-Zeitung« so viel Fakten und Neuigkeiten enthält, wie sie sich ein Gebildeter früherer Jahrhunderte in einem ganzen Jahr nicht verschaffen konnte. Ganze Lexika sind auf dem Computer zugänglich. Wie und was soll man da auswählen? Die heutigen Anforderungen in der komplexen Wissensgesellschaft lassen uns begreifen, dass der Steuermann »Kopf« mit seinem Sachwissen Entwicklungen produziert, die sich nicht allein mit dem Kopf lösen lassen. Insofern sind die Be-

schränkungen unseres Intellekts in Wahrheit unsere Stärken, weil sie uns herausfordern, uns auf das einzulassen, was wir brauchen: *Herzensbildung*. Zum Beispiel für das Mitgefühl, das Vertrauen, das uns verbindet, für die Motivation und die seelische Balance. Nicht als Privileg von Leuten mit Durchblick, sondern als unverzichtbarer Bestandteil jeglicher Erziehung und Bildung. Heute, da Wissen jederzeit verfügbar und abrufbar ist, gilt es wieder Menschen zu bewegen für das Leben als fühlender Mensch. Also nicht durch Vorsprung an Wissen, sondern durch Vorsprung an Herz.

Warum gerade Herz? Schon immer war das Herz für Menschen ungleich mehr als nur eine Pumpe. So unterschiedlich es beurteilt wurde, stets war es Organ und Symbol und immer wurde ihm eine zentrale Funktion zugesprochen. Als Sitz des Gewissens bei den Ägyptern, als intellektuelles Zentrum bei den Chinesen und als wichtigstes Organ bei den Griechen, die vom Herz als Sitz der Seele überzeugt waren.

Und heute? Von den Hirnforschern wissen wir inzwischen, dass die Gefühle im Gehirn lokalisiert sind und eben nicht im Herzen. In ihren nüchternen Kategorien sind Gefühle »neuro-humorale Erregungszustände«. Das Herz symbolisiert nicht mehr die unsterbliche Seele. Und als inneres Organ steht es in etwa auf derselben Stufe wie der Dickdarm. Das Herz lässt sich aber so nicht fassen. Menschen identifizieren ihr Selbst, das heißt ihre Emotionen und innere Gestaltung, mit dem Herzen. Besonders deutlich spiegelt dies die Gestik: Wir deuten auf unser Herz, wenn wir auf uns selbst zeigen wollen. Das Herz ist unser Selbst-Organ, deswegen lässt es sich nur auf persönliche Art und Weise ausleuchten. Auch Herzbeschwerden lassen sich nicht wirklich verstehen, wenn nicht ein Zugang zu diesem verborgenen Inneren gefunden wird. Im 4.000 Jahre alten Ägyptischen Totenbuch findet sich die treffende Beschreibung eines aus dem Gleichgewicht geratenen Individuums: »Siehe, mein Herz hat sich davongestohlen, es eilt an den Ort, den es kennt ... Ich wache, aber mein Herz schläft, mein Herz ist nicht in meinem Körper.« Der Verstand vermag die eigene innere Verfassung zu reflektieren. Doch was nützt er, wenn man sich nicht spürt?

Trotz der Entzauberung des Herzens durch die Fortschritte der Medizin bleibt das Herz als Lebenssymbol nach wie vor der Ort, an dem wir unsere Emotionen am unmittelbarsten wahrnehmen. Das Herz ist gleichzeitig Lebenssymbol und Indikator unserer Emotionen, unserer Freude und Traurigkeit, die wie bei keinem anderen Organ sowohl fühlbar wie auch hörbar werden. Unser Herz reagiert auf Einflüsse von außen, es kann dafür sorgen, dass Glücks- oder Stresshormone ausgeschüttet werden und kann sich, laut David Servan-Schreiber, dem französischen Neurologen, erinnern und entsprechend seiner Erfahrung verändern. Das Herz als Symbol unserer Gefühle kann schließlich auch zu einer herzfreundlichen Lebensweise anregen. Eine bessere Wahrnehmung unseres »Interieurs« kann dabei weiterhelfen. Und da jedes Interieur ausstrahlt, kommen wir vielleicht dem alten Herzmythos wieder näher, dessen Ingredienzen wir heute so übersetzen: Offenheit, Einfühlung, Liebe, Engagement, Achtsamkeit, Großzügigkeit.

Den richtigen Wolf füttern

In Vorarlberg fand ich folgende Geschichte: Ein Großvater sprach mit seinem Enkel über seine Gefühle angesichts einer kürzlich erlebten Enttäuschung. Er sagte: »Es ist so, als ob zwei Wölfe in meinem Herzen miteinander kämpfen. Einer der Wölfe ist rachsüchtig, wütend und gewalttätig. Der andere ist eher traurig, liebevoll und voller Mitgefühl.« Der Enkel fragte weiter: »Aber Großvater, welcher Wolf wird den Kampf in deinem Herzen gewinnen?« Der Großvater lächelte weise und sagte: »Derjenige, den ich füttere.«
Diese kleine Geschichte zeigt, dass wir die Wahl haben, wem wir Futter geben. Füttern wir uns mit kalter Logik, Fakten, Daten, Berechnungen – oder füttern wir uns mit Gefühlen, Weitsicht, Großzügigkeit, Mitgefühl, Herz? Es braucht Wollen und Wählen, nicht Müssen und Können. Wir haben die Wahl: Welchen Wolf füttern wir? Den Wolf des Herzens oder den Wolf des Kopfes?
Diese Frage trifft den Kern von Herzensbildung. Wie gelingt es, den richtigen Wolf zu füttern? Bisher setzte man auf den Wolf des Kopfes, der Kopf hielt das Herz nieder. Die Erfolgsbilanz: Zu viele verlieren allzu früh die Lust am Lernen, Entdecken und Gestalten, und laut Gerald Hüther, dem Göttinger Neurobiologen, entwickeln sie nur eine sehr eingeschränkte Beziehungsfähigkeit und unzureichende emotionale Kompetenz. Ganz zu schweigen von der heranrollenden Lawine von Fehlbelastungen und Anspannungen, den die Arbeitsmediziner als »Jahrhundert-Epidemie« bezeichnen.

Kinder und Jugendliche leisten sich diesen Luxus, sie zeigen uns überdeutlich, wo sie ihr Glück nicht mehr finden. Sie kommen mit Kopf und Herz zu uns, und nicht sie scheitern, sondern wir, wenn bei uns nur die Köpfe ticken. Das sollte uns zu denken geben, und deswegen auch mein Plädoyer für die Wiederbelebung des Herzens. Wer Köpfe einseitig belastet, steckt kein Licht mehr in den Herzen an. Er trägt schließlich dazu bei, dass Herzen nicht mehr schneller schlagen, dass Menschen keine »Herzensfrische« mehr spüren, was, so Hilarion Petzold, »zu einem generalisierten Verlust eines ›Frischeerlebens‹ führen kann, den wir bei vielen psychischen Erkrankungen finden«.

Das vergessene Herz meldet sich, und das ist kein Vers aus dem Poesiealbum. Wo der Kontakt zum Herzen abgerissen ist, werden schließlich sogar spontane Reaktionen ausgelöscht. Das Herz schlägt nicht mehr schneller, das Herzblut versackt. Wer Gefühle nicht mehr zulässt, der kann sie auch bei anderen nicht mehr wahrnehmen und lesen. Emotionen, die man wie einen Kettenhund an der kurzen Leine hält, kann man nicht zum Schweigen bringen, sie jaulen allenfalls leise auf. »Keine Lust«, »Null Bock«, »Bringt nichts!«, »Keinen Spaß!«, so oder ähnlich klingen die Rückzugsformeln von Menschen, die zwar nicht genau wissen, warum es so ist, aber die fühlen, dass es so ist. Man kann sie auf einen Nenner bringen: »Ohne Herz macht nichts mehr Freude.« Was auf der Strecke bleibt, ist nicht nur Lebensfreude, sondern auch Selbstvertrauen und Arbeitslust, denn Resignation bindet Energie.

Der Glanz von Menschen geht nicht von intellektuellen Hochleistungen aus, sondern von ihrer Herzensbildung.

Autistische Karrieren erregen vielleicht Erstaunen, wärmen tun sie nicht und begeistern schon gar nicht. Das Mitreißende fehlt ihnen. Herzensbildung hingegen entwickelt Nähe, Echo, Bindungskraft. »Komm mit, mach mit« heißt die Botschaft und nicht »Das schaffst du nie«.

Wozu also Herzensbildung? Zurück zum Anfang: Wer den Wolf des Herzens füttert, statt nur seinem Wolf der Intelligenz zu vertrauen, der sorgt für die knappste aller Ressourcen: SINN. Das heißt, er wendet sich seinem Wesen, dem Wesentlichen zu. Er versorgt sich und andere mit frischem, sauerstoffreichen »Herzblut« und setzt Energien frei, mit denen kein rein intellektuelles Programm konkurrieren kann. Wegweiser dafür ist die Fähigkeit, Gefühle wahrzunehmen, zu erfassen, zu verstehen und bewusst zu kultivieren mit dem Ziel persönlichen und mitmenschlichen Wachstums.

Auge des Herzens

Bei meinen Gesprächen über Herzensbildung stellte ich schnell fest, dass die meisten zumindest vage wissen, was damit gemeint ist. Auch wenn viele diesen Begriff für altmodisch oder überflüssig halten, so gestehen sie doch zu, dass er als erstrebenswert gilt, auch wenn er gewiss nicht alltäglich gelebt wird. Wer arbeitet nicht lieber mit herzenswarmen, umgänglichen Menschen zusammen als mit arroganten, verstockten oder rechthaberischen Superhirnen? Was ist angenehmer als ein Mensch, von dem man sagt, er habe das Herz am rechten Fleck? Was inspirierender als ein Gespräch voller Herzlichkeit? Was bewundernswerter als jemand, der mit dem Herzen entscheidet? Was ansteckender als ein Mensch, dessen Herz für eine Sache brennt? In einem Wort: Kaum etwas ist für das Zusammenleben so wichtig wie das Herz, das wir füreinander haben.

Obwohl vor allem Philosophen, Dichter und Pädagogen sich über die Wichtigkeit der Herzensbildung immer einig waren, fällt auf, dass der Begriff »Herzensbildung« in den Wörterbüchern nur marginal zu finden ist. Da heißt es lapidar im Wörterbuch der deutschen Gegenwartssprache: »Die Bildung, die zum verständnisvollen Umgang mit Menschen befähigt«, und etwas ausführlicher bei Brockhaus Wahrig: »durch Takt, Feingefühl, Redlichkeit und Güte im Umgang mit anderen Menschen gekennzeichnete innere Bildung (besonders im Unterschied zur geistigen und wissensmäßigen Bildung)«. Bei der Frage nach der Herkunft gibt das Grimmsche Wörterbuch einen Literaturbeleg aus dem Jahr 1838 an. Allerdings handelt es sich dabei um einen Artikel über Astronomie.

Sprach Jean-Jacques Rousseau von der »Kunst der Menschenbildung« und Johann Wolfgang von Goethe von »Herzensbildung«, so spricht man heute stattdessen von »emotionaler Intelligenz« (Mayer/Salovey 1993, Goleman 1995) oder in dem weiter gefassten Begriff von »emotionaler Kompetenz« (Seidel 2004). Die genannten Autoren beziehen sich auf die Merkmale, die Dynamik, die Kapazität und das emotionale Potenzial von Menschen, also auf das Werkzeug, mit dem man das in den Gehirnzentren abgespeicherte Wissen bearbeiten kann, während ich mich damit beschäftige, was wir mit Hilfe unserer emotionalen Intelligenz aus unserem Wissen tatsächlich machen. Also mit dem Prozess, mit der Bildung von emotionalen Haltungen, Einstellungen, Verständnis und Sensibilität, die sich über die gesamte Lebensspanne hin entwickeln und fördern lassen. Kurz gesagt: Emotionale Intelligenz ist uns überwiegend gegeben, emotionale Bildung müssen wir erwerben.

Um nicht in der Abstraktion verloren zu gehen, bevorzuge ich den alten Begriff »Herzensbildung«. Dieser mag sentimental klingen, aber er ist durch keinen Begriff ersetzbar. Es ist Zeit, in unserer Gesellschaft das zu retten, was sich nicht funktional rechtfertigen lässt. Es ist Zeit, für das einzutreten, was keinen rechenbaren Nutzen bringt und noch keine Lobby besitzt. Was wir dafür zurückbekommen ist immateriell, aber es stärkt unsere Selbstwahrnehmung, unseren Selbstausdruck und unser Herz, das wir füreinander haben. Und es stärkt unseren Glauben daran, dass es sich lohnt, sich zu bilden, weil dabei etwas wächst, was uns nicht reicher, aber feinspüriger und besser macht.

Die Sprache des Herzens verbindet die Menschen rund um den Erdball. Wie universal sie ist, erfährt man, wenn man in andere Länder reist. Überall verstehen Menschen auf Anhieb und ohne Worte, was sich in unseren Mienen, Gesten und Gebärden abspielt, wenn wir Gefühle unseres Herzens, Freude, Trauer, Glück, Angst oder Zorn zum Ausdruck bringen. Man stelle sich nur vor: ein Fremder, der seine Gefühle offenbart. Er erscheint sofort weniger fremd. Gefühle verbinden. Die Krux ist nur, dass es manchmal so schwerfällt, die eigenen zu zeigen. Viele haben sich angewöhnt, sie vor dem Rest der Welt zu verstecken. Und doch bleibt unauslöschlich: Die Sprache des Herzens ist eine Weltsprache. Auch ohne Worte wird sie überall verstanden. Ein Beweis, dass sie zu unserem uralten Erbe gehört, und damit stärker ist als jeder Versuch der Zivilisation, sie auszulöschen oder wegzurationalisieren. Schon 1628 schrieb William Harvey, der Entdecker des Blutkreislaufes und der für ihn verantwortlichen Pumpleistung des Herzens: »Das Herz der Lebewesen ist der Grundstock ihres Lebens, der Fürst ihrer aller, der kleinen Welt Sonne, von der alles Leben abhängt, alle Frische und Kraft ausstrahlt.« Diesem Mediziner war schon vor fast vierhundert Jahren der Zusammenhang zwischen Körper und Seele vertraut.

Was bedeutet es, herzensgebildet zu sein? So schwer es fällt, genau zu sagen, was damit gemeint ist, so selbstverständlich wissen wir, was es heißt, herzlos zu sein. Der Duft einer Rose, ein gregorianischer Gesang, ein Jubel, Großzügigkeit, Güte, Weisheit – sie alle sind mit dem Herzen verwandt, weil es sich um nicht greifbare Realitäten handelt. Wir kennen sie, aber wir können sie nicht mit Händen oder Worten begreifen. Sie lassen sich weder messen noch berechnen, sie machen kein Aufsehen, sie lassen sich nicht analysieren, nicht verwerten, weder benutzen noch beweisen. Die Philosophin Hannah Arendt spricht von dem »Zwischen«, dem Namenlosen, Unaussprechlichen, Unsichtbaren, das sich nicht in Fakten, Zahlen, Formeln, Gesetzen und Statistiken fassen lässt. Aber wir wissen eins: Wenn das Herz fehlt, dann wird es kalt und schrecklich auf der Welt. Dann geschehen unmenschliche, furchtbare Dinge. »Wenn es fehlt, das ist der Vorgeschmack zur Hölle«, meinte ein Mediziner. Ohne Herz kein Leben, das wissen alle. Obwohl sich oft zeigt, dass herzlose Menschen zwar nicht gerade gut, aber doch mitunter sehr lange leben. Wenn das Herz nur mechanisch schlägt, dann haben nur noch die Mediziner das Wort. Doch kennen wir alle diese Lichtblicke: Ein Satz, der uns mitten ins Herz trifft. Eine herzliche Begrüßung, ein herzhaftes Lachen, ein Jubel, ein beherztes Eingreifen, eine großherzige Geste, eine herzhafte Mahlzeit, ein Herzensgeschenk. Wir definieren sie nicht, sie ergreifen und berühren uns. Wenn wir versuchen, Herzensbildung zu definieren, stoßen wir nicht an ihre, sondern an unsere eigenen Grenzen. Herzensbildung ist ein Weg, sein Herz offenzuhalten, einen Sinn für das Dasein anderer zu entwickeln. Sie ist nichts Abgeschlossenes, Definitives. Sie nimmt dort ihren Anfang, wo das Herz für etwas schlägt, wo es sich öffnet und offen hält. Poeten sprechen vom Auge des Herzens. Ein wunderbares Bild, das auch Saint-Exupéry inspirierte: »Man sieht nur mit dem Herzen gut.« Vom Herz lässt sich nur in Bildern und Metaphern sprechen, es ist mit den Kategorien des objektivierenden Denkens nicht zu fassen.

Herz contra Disziplin

Im Physikunterricht haben mich damals die sogenannten kommunizierenden Gefäße zutiefst beeindruckt. Dieses unglaubliche Phänomen, das trotz unterschiedlicher

Form, Gestalt und Aussehen, die alles verbindende Flüssigkeit in jedem Gefäß die gleiche Höhe erreicht. Für mich ist das zur Metapher für Herzensbildung geworden. Das Herz, das wir füreinander haben, oder das sogenannte Menschliche, verbindet im Tiefsten und steigt in gleicher Weise, wenn wir uns als Fühlende aufeinander beziehen. Oder es fällt, wenn sich kein Empfinden, Spüren, Fühlen und Merken mehr rührt.

Die Bildung des Herzens ist gewiss keine einfache Kur. Ein Plädoyer für mehr Herz wirkt banal. Mit dem Verstand an das Herz zu appellieren, das ist ein Widerspruch in sich selbst. Dennoch steht fest: Wer Menschen berühren und bewegen will, muss Zugang zu ihren Herzen finden, ob sie nun Schüler, Studenten oder Mitarbeiter sind. Nicht mehr das pure Wissen kann also im Mittelpunkt stehen, sondern übergeordnete Kompetenzen, Einstellungen und Haltungen, die es erlauben, sich neuen Herausforderungen zu stellen.

Wir leben unter dem Diktat der Zeit und diverser der Menschlichkeit gegenläufiger Kräfte. Ohne dass wir uns von unseren Stühlen erheben, betreten wir computersimulierte Welten. In unseren Köpfen nimmt die Mobilität zu, sie stillt aber nicht das Bedürfnis nach Berührung, Blick, Beachtung. Die weißen Flecken auf unserer inneren Landkarte der Begegnungen, Beziehungen, Emotionen, Erfahrungen sind größer geworden. Informationen, Fakten, Bilder und Zahlen können unseren Hunger nach Lebendigkeit aber nicht befriedigen. Den Anforderungen an unsere Kopfwelten entspricht eine Unterernährung unserer Herzwelten. Es fehlen zunehmend die wärmenden Hände, die uns davor retten, in der gnadenlosen Medienwelt zu erfrieren. Je weniger sinnliche Erfahrungen, desto dünner die Luft, die wir atmen. Immer mehr, vor allem auch junge Menschen, bleiben auf der Strecke. Die Analyse lässt sich auf einen einfachen Nenner bringen: Junge Leute sind nicht mehr das, was sie einmal waren. Aber sie spiegeln uns, die Erwachsenen, und die sozialen Ereignisse und Trends, die unser aller Leben bestimmen. Da gibt es Jugendliche, die stundenlang im Internet surfen, schon morgens fernsehen, mit Vorliebe gewalttätige Videospiele spielen, Mitschüler und Lehrer attackieren – und andere, die ihre Terminkalender mit Geigen- und Klavierunterricht, Ballettstunden, Kinderyoga, Kinderuniversität, Aerobics, Russisch-Kurs vollgepackt haben. Einer Welt der Lustlosigkeit und Apathie steht einer der Übererregtheit gegenüber. Beide Stimmungslagen aber verhindern die Lust am Lernen, Entdecken und Gestalten. Beide verhindern Beziehungsfähigkeit und Einfühlungsvermögen und ersticken das, was eigentlich Kennzeichen der Jugendphase ist: Lebendigkeit und Leichtigkeit. Ein Phänomen, das auch Klaus Hurrelmann, der Leiter des wissenschaftlichen Teams der Shell-Studie, bilanziert: »Unbekümmertheit und Unbeschwertheit sind wenig zu spüren.«

Die neue Shell-Jugendstudie (2006) zeigt das Bild einer jungen Generation, die – wie die Journalistin Susanne Gaschke schreibt – Gründe hat zu rebellieren, aber nicht will. Eine Generation, bei der die Globalisierungs- und radikalen Reformdebatten Spuren hinterlassen haben: Mehr als zwei Drittel fürchten sich heute vor Arbeitslosigkeit und plädieren für eine Reduktion der Zuwanderungsquote in Deutschland. Die zunehmenden Ängste führen nicht zu Renitenz und Auflehnung, sondern vor allem zu Anpassung, Perfektionismus und extremer Leistungsorientierung mit den einhergehenden Folgen psychosomatischer Störungen und Erkrankungen. Deswegen gehen Diskussionen über eine Renaissance der Disziplin, wie sie der ehemalige Rektor des Internats Salem, Bernhard Bueb, angestoßen hat, an der Wirklichkeit vieler Jugendlicher vorbei. »Voraussetzung für jede kulturelle Tätigkeit ist Disziplin«, sagt er in seiner Streitschrift »Lob der Disziplin«. Natürlich liegt hinter jeder Leistung Disziplin, aber nicht als Vorgabe, sondern als Folge von Interesse und Hingabe. Zu den größten Freuden zählt das Erleben, etwas zu können, dann kommt die Disziplin von allein. Disziplin an sich ist durch ihre Selbstrückbezüglichkeit eine Sackgasse. Um einen Satz des amerikanischen Psychologen Daniel Goleman aufzugreifen: »Was nützt die beste Disziplin, wenn man ein emotionaler Trottel ist?« Disziplinierung mit Macht nach dem alemannischen Motto »Hände falten, Gosche halten« bringt vielleicht gehorsame, dressierte Kinder hervor, aber sie wird kaum die Kompetenzen wecken, die wir heute brauchen: Neugier, Offenheit, Engagement und Einfallskraft.

Es gehört zum Grundwissen jedes Erziehers, dass der Aufbau einer positiven Beziehung das A und O jeder Bildung ist und dass mit Freude Gelerntes sich leichter ins Gehirn einschreibt als unter Angst und Druck Aufgenommenes. Mich würde interessieren, was die Kinder selbst von Disziplin halten. Und wie sie uns Erwachsene als Vorbilder empfinden. Ich bin sicher, dass sie uns die besten Antworten liefern würden. Dabei kann es nicht darum gehen, Ideologien alter Disziplin anzuhängen, sondern sich auf die Wirklichkeit des jugendlichen Bedürfnisses nach Beachtung, Ermutigung und Förderung einzulassen.

Meine Vision gilt der Menschlichkeit, der Achtsamkeit, der Weitung des Herzens. Einer Gefühlskultur, die wertschätzend, unterstützend und ermutigend ist. Und ich meine, dass nur jemand, dem Menschsein ein größeres Anliegen ist als pure Wissensvermittlung, bewirken kann, dass andere sich ermutigt fühlen, der Wirklichkeit entgegenzutreten, sie zu durchschauen, zu ertragen und vielleicht sogar für einen Moment zu verwandeln.

Wilhelm Busch hat es trefflich formuliert: »Wer durch des Argwohns Brille schaut, sieht Raupen selbst im Sauerkraut.« Wie können wir statt Raupen Schmetterlinge sehen? Zum Beispiel indem wir aufhören, Werte zu verordnen, sie stattdessen vorleben. »Was wir brauchen, ist mehr Motivation und Anerkennung«, meint Ulrich Herrmann, emeritierter Professor der Pädagogik. Und nicht die »vorbehaltlose Anerkennung von Autorität und Disziplin« (Bueb 2006), die als sich selbst genügender Wert gleichgültig oder gar blind wird gegenüber der einfachen Frage: »Disziplin – wozu eigentlich?«

Herzensbildung taugt nicht zur Formulierung gesellschaftsreformerischer Programme oder zu einem beherzten »zurück in die Vergangenheit«. Vielmehr legt sie Wert auf Haltungen und innere Einstellungen – und nicht auf Gebote. Gerade deshalb liegt sie quer zum deutschen Ordnungsdrang. Sie lässt sich nicht verordnen, weil sie »Herzenssache« – Empfindung, Gefühl und Emotion oder innere Einstellung – ist. Sie kann nur vor-

oder nachgelebt werden, denn Menschen sind nicht abzufüllende Fässer, sondern wie Feuer, die es zu entfachen gilt.

Feuer entfachen

Wer bildet das Herz? Der Staat ist es nicht. Die Schule ist es nicht. Die Vernunft ist es nicht. Das Wissen allein auch nicht. »Bildung ist etwas, das Menschen mit sich und für sich machen: Man bildet sich. Ausbilden können uns andere, bilden kann sich jeder nur selbst«, schreibt der Philosoph Peter Bieri. Es geht also nicht vorrangig darum, etwas zu leisten und zu können, sondern jemand zu sein und zu werden. Auf eine menschliche Art in der Welt zu sein. Das eigene Fühlen am Leben zu halten. Sein Herz unter den Schichten von Erwartungen anderer, Verpflichtungen, Zwänge und Notwendigkeiten zu finden. Dazu braucht es eine Zentrierung, ein Nach-innen-Lauschen, das mehr mit einem Wahrnehmen, Wachwerden und weniger mit drängender Suche zu tun hat.
Es gibt etwas in uns, das Gründe hat, die der Verstand nicht versteht. Blaise Pascal nennt es das Herz. Es ist der Sinn, der mit den Kategorien des Denkens nicht zu fassen ist, weil er weiter geht, als rational nachvollziehbar ist. Der Sinn, der uns mit den Gefühlen für uns selbst und für andere in Beziehung setzt. Das Herz rechnet nicht, es fühlt. Eben darum, so lautet meine Konsequenz, ist Fühlen wichtig: Denn das, was ich Herzensbildung nenne, ist im Kern die Fähigkeit, sich um die Intensität

eigener Gefühle und die Offenheit für das andere Dasein zu kümmern.

Was heißt das? Zunächst einmal unterscheide ich zwischen: Gefühle haben und fühlen. Hier ein paar Sätze unserer Alltagssprache: »Ich habe das Gefühl, dass du mich nicht magst. Ich habe das Gefühl, wir müssen reden. Ich habe das Gefühl, dass Fastfood meinen Lebenshunger nicht mehr stillt. Ich habe das Gefühl, alles wird gut. Ich habe das Gefühl, ich bin mehr als Bauch, Beine, Po. Ich habe keine Zeit für Gefühle.« Das sind Sätze der Alltagssprache, die auch bei denen vorkommen, die nur den Verstand als Lebensregulator bejahen – also im Wortschatz vieler.

Gefühle haben, das ist nach Wolf Büntig ein eher passiver, reflexhafter Vorgang, der auf gründlich erworbenen Gewohnheiten in der frühen Kindheit beruht. Man gibt den auftauchenden Erregungen aus Gewohnheit alte Bedeutungen – es war ja schon immer so –, statt ihnen eine persönliche Bedeutung zu geben. Wenn wir nur Gefühle haben und nicht fühlen, dann deuten wir unsere Empfindungen fehl oder wir nehmen sie nicht wahr. Ein Beispiel dafür ist das von vielen gefürchtete Lampenfieber. Statt das Lampenfieber als gesunde Fähigkeit anzunehmen, die anzeigt, dass eine bevorstehende Situation ein Risiko enthält, das in Erregung versetzt, sagen viele: »Ich habe Angst«. Hinterfragt man diese Behauptung, so stellt sich meist heraus, dass sie ein früh antrainierter Reflex ist. Der Erfolgsdruck, das Siegenmüssen ist derart in das Innenleben eingedrungen, dass man nur noch mit Angst reagiert, statt sich zuzugestehen und zu fühlen, dass es auch die Freude oder die Erregung am Sich-Zeigen gibt.

Wenn Gefühle durch Übung und Nachahmung eingefleischt, konditioniert und andressiert wurden, können sie ähnlich zwanghaft wie Gedanken wirken, z. B.: »Ich muss immer freundlich sein, sonst mag mich niemand«, »Was sollen die Nachbarn denken?«, »Was passiert, wenn ich nicht mitmache?«

Im Vergleich dazu ist Fühlen ein aktiver Prozess und bedeutet, in etwas involviert zu sein. Die Frage lautet deshalb: Was bedeutet das für mich? Man nutzt sein Einfühlungsvermögen, seine Wahrnehmungen, seinen Spürsinn, seine Präsenz im Hier und Jetzt, um etwas zu fühlen. Nach Büntig heißt fühlen: Ich gebe mir eine Botschaft an mich und über mich selbst, um mich wissen zu lassen, wie es um mich steht. Fühlen ist eine Tätigkeit (anders als Gefühle haben), ein Akt der Hinwendung zur eigenen inneren Bewegung, die mir deutlich machen will, dass Veränderung notwendig ist. Eine Orientierung, die mir Auskunft gibt über meine Bedürfnisse, ob sie als momentan befriedigt oder unbefriedigend gelten. Eine persönliche Nachricht an mich selbst, im Gegensatz zur Emotion, die als Bewegung nach außen geht und für andere lesbar wird. Ein Beispiel: Ich sitze im Konzert, höre Musik, die warme Gefühle in mir auslöst, und ich drücke diese Gefühle aus, indem ich begeistert klatsche (Emotion).

Gefühle brauchen Zeit. Schnelligkeit lässt zwar schneller denken, aber sie stört den langsamen Prozess des Fühlens, des Begreifens und des Mitfühlens. Verwirrung entsteht nicht, weil wir nicht wissen was passiert, sondern weil wir keine Zeit mehr haben, ein Gefühl zu entwickeln, zu den Dingen und den Menschen um uns herum.

Wären wir langsamer, hätten wir mehr Zeit, gelänge es besser, zu sich, zu seinen Gedanken und seinen Gefühlen zu finden. Zu sein, wer wir sind. Es gäbe nicht so viele Menschen, die verlernt hätten, die Auskünfte ihrer inneren Erregungen zu deuten und zu verstehen. Fühlen hält die gehetzten, getriebenen Zeitgenossen an, sich eigene Zeit zu gönnen, eigene Räume zu finden, in denen sich Gefühle entfalten könnten, um über das nachzudenken, was sie unmittelbar betrifft: nämlich das eigene Leben. Herzensbildung, die über geschulten Intellekt und fittrainierte Gliedmaßen hinausgeht, kommt um Gefühle nicht herum. Jeder Lehrer weiß, dass die Frage: »Was fühle ich? Was bedeutet es für mich?« – also die Frage nach Gefühlen, entscheidend ist für den Einsatz oder die Abwehr seiner Schüler. Allerdings meine ich nicht die Negativskala der Gefühle, die durch Druck, Drohung und Disziplin gefügig machen soll. Ich spreche von den aktivierenden Gefühlen, die Begeisterung, Hoffnung und Ermutigung einladen. Wenn Vorgesetzte ernst nehmen würden, wie schädlich ihre Droh- und Druckgebärden sind, sie würden den Versuch, andere durch Einschüchterung auf Touren bringen zu wollen, wahrscheinlich sofort und für immer einstellen. Aus Sicht der Neurowissenschaft erzeugen Drohbotschaften nämlich fatale Folgen: Die unter solchen Bedingungen erworbenen Inhalte werden mit den dabei erlebten Gefühlen von Angst, Ohnmacht und Abwertung assoziiert und verkoppelt. Nicht nur die jeweiligen Inhalte, sondern auch der Ort und die betreffende Person. Manchmal sogar lebenslang.

In der Regel ist es die Verliebtheit, die die meisten als Raum positiver Gefühle gerade noch zulassen, bis die

Enttäuschung auflauert und sie sich enttäuscht und betrogen in ihr Schneckenhaus zurückziehen. Ihre Gesichter verschließen sich und sie werden nüchtern, trocken. Gefühlsscheue Skeptiker, die dem Leben mit sachlicher Planung und der Verweigerung von Emotionen beikommen wollen. »Gefühle bringen nichts«, heißt es dann. Und es gibt kaum jemanden, der widerspricht. Weil viele sich sicher fühlen im Kreis der Gefühlsverweigerer. Dabei sind Gefühle lebenswichtig. Was wäre ein Leben ohne Glücksgefühle? Diese lassen unser Herz schneller schlagen, der Puls steigt, der Körper wird besser durchblutet, die Haut strafft sich. Selbst die Werbung baut auf Gefühle. Man kauft nicht mehr Autos, sondern die Freude am Fahren. Ohne Gefühle würden wir innerlich erfrieren. Niemand aber lehrt uns das Fühlen. Wir lernen für ein Leben, das aus Wettstreit, kaltem Wissen, Überlegenheit, Kalkül und Härte gegen sich selbst zu bestehen hat. Es müsste sie geben, die Bildung des Gefühls. Man sollte sie in den Schulen einführen, um vorzubereiten auf ein Leben als fühlender Mensch, statt als Funktionierender einer funktionstüchtigen Leistungsgesellschaft. Wissen, das nicht mit Fühlen einhergeht, macht überheblich und kann nicht zur Weisheit führen. Das hat schon Musil in seinem »Mann ohne Eigenschaften« postuliert. Das Gefühl für eigene innere Bewegungen, für Unterscheidungsfähigkeit und Komplexität, das Gefühl für Einfälle und Ausblicke gehört wachgerufen. Seit Freud wissen wir, was verdrängte Gefühle mit uns anrichten können. Die Abwehr von Gefühlen ist harte Arbeit. Wenn Gefühle nicht strömen, fließen oder weiterfließen dürfen, wenn man sie zurückhält, dann treten sie auf andere Weise gewalttätig zutage. Sie überschwemmen uns, machen den Körper krank, oder sie erzeugen Bitterkeit und Verschlossenheit. Es steht den Menschen ins Gesicht geschrieben: Gefühle öffnen ein Gesicht, der Mangel an Gefühlsbereitschaft verschließt es.

»Gefühle motivieren und begleiten uns im Alltag«, schreibt Hilarion Petzold. Gefühle helfen uns, Mitgefühl zu entwickeln, weil wir unsere eigenen ernst nehmen. Gefühle sind unentbehrlich, wenn wir in anderen Feuer entfachen wollen. Sie sind der kürzeste und direkte Weg zum anderen. Sie sind ansteckender als Gedanken, und unverzichtbar, wenn wir Neugier, Lust am Lernen, Leidenschaft entfachen wollen.

Nicht ohne Grund sind die Worte Emotion und Motivation sprachlich so eng beisammen. Beide haben mit Bewegung zu tun. Nicht nur Verliebte oder Musikfans werden von Gefühlen gesteuert, sondern auch motivierte Schüler und Studenten, die das Glück hatten, Lehrer zu finden, die mit ihrem Herzblut Kräfte freisetzen, mit denen kein Wissensprogramm konkurrieren kann.

II. Grundhaltungen

Neugier

Auf die Frage, wo die Herzensbildung denn nun beginnt, würde ich keine der klassischen Antworten geben, wie beispielsweise Mitgefühl, Aufrichtigkeit, Güte, Gerechtigkeit. Dies alles sind Tugenden, die ihre Maßstäbe im moralischen Verhalten begründen. Sie sind zweifelsohne wichtig, aber sie allein werfen ein blasses Licht auf unsere Lebenswege. Meine Antwort wäre: Neugier. Zugegeben, Neugier gilt bis heute für viele als kindlich oder kindisch, weil sie sich allzu leicht mit Surrogaten füttern lässt wie Nervenkitzel, Sensationslust, Klatsch, Krimi und Kreuzworträtsel. Jahrhundertelang wurde sie deswegen auch als Laster eingestuft. Dennoch gehört sie zu unseren wertvollen, lebendigen, tief verwurzelten Tugenden. Man braucht sich nur vorzustellen, jemandem würde seine Neugier genommen, damit bringt man ihn auch um die Chance, sich zu bilden. Nichts stimuliert und befriedigt auf die Dauer so sehr wie die Suche nach neuen Erfahrungen und Inhalten. Nichts macht so zufrieden und stolz wie das Gefühl, etwas begriffen oder gelernt zu haben. Nichts hält so wach wie die ewige Frage: Was gibt es Neues? Nichts ist so langweilig wie jemand, der nur noch seine Ruhe haben will, der satt, leidenschaftslos und anspruchslos ist.

Was wir begehren, ist also nicht allein Erfüllung und dolce far niente, sondern es ist uns wichtig, etwas zu finden oder mehr als etwas, das uns am Herzen liegt, das uns wichtig ist, wofür wir brennen. Neugier ist der Motor, der unser Herzensfeuer am Leben hält. Deswegen gibt es auch keinen denkbaren Endpunkt von Neugier. Sie erfüllt sich allein dadurch, dass sie virulent bleibt. Und das heißt, dass sie eben nicht zur Ruhe kommen darf. So eigenartig es klingt: Der Königsweg der Herzensbildung liegt im Wachhalten der Neugier. Neugier ist der Wunsch, mehr zu erfahren, als nur zum unmittelbaren Überleben notwendig ist. Neugier heißt Lust am Problemlösen und ist im Kern die Fähigkeit, sich um Intensität und Offenheit des eigenen Lebens zu kümmern. Das Spannende an der Neugier: Sie ist ein Selbstläufer. Das heißt, sie sorgt dafür, dass wir aktiv werden, ohne eine sichtbare Belohnung zu erwarten. Wir lesen Bücher, gehen in Bibliotheken, besteigen Berge, üben Klavier und denken dabei nicht ans Geldverdienen, an Lob oder Ruhm, solange uns die Neugier antreibt. Neugier gipfelt im Sinn-Zentrum und befriedigt unsere Lust, die Sphäre des eigenen Ich zu erweitern. Letztlich geht es ihr um die unablässige Suche nach Sinn.

Darum ist Neugier wichtig. Denn Neugier ist die Fähigkeit, die eigene Lebendigkeit und Offenheit am Leben zu halten. Der Welt zu begegnen, für Neues aufgeschlossen zu sein, das Untypische im Typischen zu entdecken, sich für Überraschungen offen zu halten und hoffentlich für immer offen zu bleiben. Man ist gut beraten, sich über alle Erfahrungen hinaus jene Neugier zu bewahren, die einen frischen Blick auf die Dinge ermöglicht und immer wieder Überraschungen gestattet. Neugierig zu leben, das bedeutet auch, berührbar zu bleiben, selbst wenn es sich um Enttäuschungen oder gar Verletzungen handelt. Das ist der unvermeidliche Preis dafür, offen zu sein für all das, was im Guten und im Schlechten kommen mag.

Der Neugier sind letztlich keine Grenzen gesetzt. Sie kann in alle Richtungen gehen: in die Vergangenheit oder in die Zukunft, zu den Sternen oder den Atomen, zu den Tieren oder Pflanzen, zu den Rätseln oder Büchern, zu Projekten oder Konflikten. Aber wir sind soziale Wesen, deswegen schlägt unser Herz am meisten für die Fragen: »Was tun die anderen?«, »Warum tun sie es?«, »Was fühlen sie?«, »Wie reagiere ich?«

Wir wollen eine Rolle im Seelenleben der anderen spielen, deswegen sind wir auf nichts so erpicht wie auf die Gefühle, die andere für uns hegen. Wir können nicht leben ohne das Gefühl, dass andere genauso wirklich empfinden und fühlen wie wir selbst. Uns reicht nicht der äußere Anschein. Wir sind neugierig, ob die andere Seele uns will. Wir wollen es wissen, weil wir auf die Beachtung anderer angewiesen sind. Die Neugier hilft, aufgeschlossen zu bleiben, selbst wenn unsere Erwartungen enttäuscht werden, weil wir nicht das bekommen, was wir wollen. Immerhin führt sie uns zu einer Bekanntschaft mit unseren Wünschen. Demgegenüber offen zu sein, was wir nicht voraussagen können, ist eine grundlegende Tugend der Herzensbildung.

Allerdings möchte ich eine Einschränkung machen: So gern wir Bescheid wissen möchten, vor allem über andere, geht es auch darum, Abstand zu halten. Denn in der Neugier kann auch die Gefahr liegen, Macht und Kontrolle über andere auszuüben. Dass jeder Mensch ein unverfügbares Geheimnis ist, das Respekt fordert, kann dabei in Vergessenheit geraten. Neugier ist zwar wichtig, aber auch das Zurücktreten vor dem Unergründlichen im anderen und auch – in uns selbst. Das kann Verzicht auf die Neugier bedeuten und Vertrauen in das, worüber ich nicht verfüge. Vielleicht können wir für diese Mischung aus Neugier und Abstand das alte Wort »Ehrfurcht« wieder beleben. Das heißt, darauf zu verzichten, alles wissen zu wollen.

Wer sich seiner selbst nicht sicher ist, wer misstrauisch oder ängstlich ist, verliert zunächst seine Neugier. Er meidet Überraschungen, will alles nicht mehr so genau wissen oder lenkt die Neugier auf unterhaltsames Terrain. Hier müsste die Herzensbildung ansetzen und Spielräume aufzeigen, die die Neugier zu entfesseln und zu beflügeln vermag. Indem man sie einlädt und ihr etwas zumutet. Gut leben heißt neugierig bleiben auf das, was kommen mag. Also nicht abspeisen mit Fernsehen, Krimis und Kreuzworträtsel, sondern nach anspruchsvolleren Projekten und Plänen suchen, die von der Neugier zu einem anhaltenden Interesse führen können. Denn Neugier, wenn sie als Haltung kultiviert wird, kann beinahe Berge versetzen, in jedem Fall kann sie uns weit führen.

Achtsamkeit

Neugier und Achtsamkeit sind Geschwister. Sie sind die beiden frei schwebenden Arten, sich selbst und der Welt zuzuwenden. Nun leben wir aber in einer Welt, die uns überlastet mit Eindrücken, Impulsen und Ansprüchen an unsere Sinne. Die meisten empfinden diesen »overload«, wie die Psychologen es nennen, als zu viel, zu früh, zu dicht, zu widersprüchlich. Wie kann man sich da retten und Frische im Herzen bewahren? Ganz schlicht: durch Auswahl. Das tun schon Kinder. Mit Wonne unterhalten sie sich mit dem »Guckloch-Spiel«. Dabei benutzen sie Daumen und Zeigefinger, um ein Guckloch zu bilden, durch das sie schauen und die Welt auf einmal ganz anders sehen. Selbst in den entlegensten Teilen der Welt erfinden Kinder dieses Spiel immer wieder von Neuem, weil sie intuitiv begreifen, dass ein ungewohnter Ausschnitt das Gewohnte plötzlich in neuem Licht erscheinen lässt.

Auch wir können uns eine solche »Guckloch-Perspektive« aneignen, wenn wir beispielsweise ein kleines Guckloch aus einem Papier ausschneiden. Man braucht bloß auf die eigene Hand schauen oder ins Grüne. Da man nicht mehr die ganze Hand oder die ganze Wiese sieht, entdeckt man auf einmal Details, Strukturen, Feinheiten, die einem bisher verborgen blieben. Im Bruchteil eines Augenblicks hat man einmal wirklich hingeschaut. Das ist das Wesen der Achtsamkeit. Und das lässt sich lernen. Unter der Voraussetzung, dass wir neugierig und wach werden. Uns geht so viel verloren, wenn wir zulassen, dass sich unsere Wahrnehmungskanäle verengen und allmählich stumpf werden. Wir können den Ablauf umkehren, wenn wir uns entscheiden, jeden Tag achtsam bisher Übersehenes neu zu würdigen.

Eigentlich ist es ganz einfach: Schau hin, wie die Dinge wirklich sind.

Wir sagen spontan »blau«. Aber meist schauen wir nicht richtig hin. Wir kleben ein Etikett auf und die Sache ist erledigt. Was unser Verstand oberflächlich »blau« nennt, das kennt unser Herz als die Farbe von Kornblumen,

Enzian, Lavendel, von Schmetterlingen, des Sommerhimmels und des Meeres. Das achtsame Herz in uns weiß noch, wie viele verschiedene Blautöne es gibt. Es gehört Achtsamkeit dazu, wenn wir wirklich schauen und uns dem aussetzen, was Rilke mit »eines kleinen Lebens Kürze« beschreiben konnte. Deshalb ist Dichtung so wertvoll, weil sie uns ermutigt und daran erinnert, unsere Sinne zu öffnen. Wir können achtsam werden, wenn wir uns getrauen, unsere Wahrnehmungsverweigerung aufzugeben. Wenn wir uns öffnen für des »Lebens Kürze«, unser Herz dem Leben aussetzen, ungepanzert, berührbar, lebendig. Dichter tun es für uns. Sie haben ihr Leben, wie Rilke es so schön sagt, »ausgesetzt auf den Bergen des Herzens«.

Achtsamkeit ist jedoch keine leichte Kur. Im Idealfall umfasst sie die Totalität all unserer inneren und äußeren Wahrnehmungen, einschließlich unserer Gedanken und Gefühle. Sie bedeutet weit mehr als gelegentliches Hinschauen oder das typische »Guck doch mal hin, Erna!«, zu dem Männer ihre Frauen gern auffordern. Achtsamkeit entfaltet sich in einem Feld. Sie ist Echtzeitwahrnehmung, das heißt eine Art reiner Wahrnehmung dessen, was geschieht, noch während es geschieht. Sie ist unmittelbar, nicht-urteilend, nicht-reaktiv und erspart somit alle späteren Versuche, etwas zu rekapitulieren. Also aktive Geistesgegenwart. Wir verdanken ihr die Fähigkeit, wach und präsent zu sein.

Diese Fähigkeit halte ich für die Herzensbildung grundlegend. Inzwischen hat sie auch Eingang gefunden in der Pädagogik als »mindfulness in the classroom«, in der Behandlung von Depressionen, Schmerzen, Ängsten,

Krebs und in der Resozialisation Strafgefangener. Einer der Pioniere auf diesem Forschungsgebiet ist der amerikanische Entwicklungspsychologe Daniel J. Siegel. Bei der Erforschung sozialer und emotionaler Schaltkreise im Gehirn hat er festgestellt, dass es sich um dieselben Resonanzschaltkreise handelt, die auch die physiologische Grundlage der Achtsamkeit darstellen. Er hat die erstaunliche Entdeckung gemacht, dass das achtsame Gehirn und das soziale Gehirn im Wesentlichen eins sind. Durch die Entwicklung von Achtsamkeit entsteht in unserem Nervensystem eine Resonanz, die eine Veränderung unserer gesamten körperlichen und emotionalen Vorgänge bewirkt. Das heißt, wenn wir uns der Erfahrung der Achtsamkeit aussetzen, dann verändern wir unser Gehirn und unseren Körper in Richtung Wohlbefinden. Unser emotionales Gleichgewicht stabilisiert sich. Die Fähigkeit der Selbstwahrnehmung und auch die Beziehungsfähigkeit zu anderen Menschen werden gleichermaßen aktiviert. Die Entwicklung eines achtsamen Gehirns dient also nicht nur der Selbsterfahrung und Selbsterkenntnis, sondern überhaupt unserer Beziehungsfähigkeit. Siegel demonstriert das am Beispiel einer Patientin, die zu ihm sagte: »Ich bin mehr ich selbst geworden, als ich es jemals war.« Siegel beschreibt in seinem Buch »Das achtsame Gehirn« seine eigenen Erfahrungen während eines Retreats, die er als »Intimität mit dem eigenen Geist« bereits nach wenigen Tagen Achtsamkeit erlebte.

Achtsam zu leben im Alltag darf nicht verwechselt werden mit entrücktem Gleichmut, stoischer Unerschütterlichkeit oder distanzierter Gleichgültigkeit. Unser Leben

verlangt immer wieder Stellungnahme, Urteile, Meinungen. Es ist schlicht unmöglich, sich herauszuhalten. Aber es macht einen großen Unterschied, ob unsere Beurteilung der Dinge auf einem achtsamen Boden gereift ist. Eine achtsam gewonnene Sicht ermöglicht auf jeden Fall eine differenziertere, fundiertere Resonanz. Eine erste Lektion der Herzensbildung könnte beispielsweise in der Frage bestehen: Wie viele von den vielen Eindrücken lasse ich hinein? Was ist mir wesentlich? Was lasse ich weg? Worauf konzentriere ich mich?
Es gibt kein besseres Mittel, unsere antrainierten Vorurteile infrage zu stellen. Ohne Achtsamkeit als Lebenshaltung gäbe es keinen Sinn für Unterschiede und Nuancen.

Hören statt gehorchen

Die Welt ist laut geworden, so laut, dass es fast unmöglich ist, sich auf das Leise, die Zwischentöne, die Klänge, die Sprache des Herzens zu konzentrieren. Wer aber nicht mehr das Raunen der Bäume, das Säuseln der Blätter, das Rauschen des Windes, das Plätschern eines Baches, das Singen der Vögel, das Flüstern der Verliebten wahrnehmen kann, der wird auch nicht mehr empfinden, was an dieser Welt überhaupt erhaltenswert ist. Wenn ich das sage, höre ich immer ganz schnell den Ruf nach der Schule: »… sie soll doch, wozu haben wir eine Schule, schließlich ist sie dafür da.« Gewiss soll sie, aber wie kann sie etwas nachholen, was Kindern schon in den ersten Jahren abhanden gekommen ist?

»Jeder redet, niemand hört mehr zu«, so der Kommentar eines Lehrers. Kein Wunder, wenn man bedenkt, dass laut Umfrage die durchschnittliche tägliche Gesprächszeit, die Eltern mit ihren Kindern verbringen, heute auf acht Minuten geschrumpft ist. Das Ideal der kommunizierenden, zuhörenden Eltern ist die Ausnahme. Die familiäre Kommunikation schrumpft auf organisatorische Anweisungen, Drohungen, Floskeln, Befehle oder Schmeicheleien, das Gespräch reduziert sich auf Sprechblasen. Ich ließ Kinder in meiner psychotherapeutischen Praxis eine Liste der am meisten gehörten Sätze zusammenstellen. An oberster Stelle rangierten: »Halt die Klappe«, »Geht's noch?«, »Red nicht so blöd«, »Iss deinen Teller leer«, »Du redest, wenn du gefragt bist«, »Hast du die Hausaufgaben gemacht?«. Und das Erschreckendste: Manche Kinder haben von ihren Eltern öfter Schimpfnamen gehört als ihre eigenen Namen. Kein Wunder, dass sie schon früh zu »Weghörern« werden. Ich könnte die Liste fortsetzen. Das viel beklagte Missverstehen und Aneinander-Vorbeireden. Hat es nicht letztlich auch seine Ursache im Nicht-Zuhören? Sämtliche Unterstellungen, Gerüchte, Verdächtigungen, Entzweiungen – sind sie nicht schließlich fast immer darauf zurückzuführen, dass einer dem anderen nicht mehr richtig zuhört?

Wie begegnen wir diesem Dilemma? Sicher nicht, wie Herr Bueb es vorschlägt, mit der Einengung auf Disziplin. Disziplin als äußerer Anschein von Ruhe und Ordnung bewirkt eher, dass Menschen ihre Hörantennen einziehen und allenfalls gehorchen. Warum hat die leblose Ruhe in manchen unserer Schulen so wenig mit schöpferischer Stille zu tun? Weil sie von außen übergestülpt, erzwungen durch Verordnungen, Reglements, Strafandrohungen und nicht von innen her aufgebaut ist. Wenn von Lehrern erwartet wird, dass sie sich Gehör verschaffen, dann bleibt ihnen meist nur, ihre Schüler zu übertönen. Vom Militär kennen wir das, aber wirkliches Hinhören kann sich in einer Arena von Machtkämpfen nicht ereignen.

Es lohnt sich, einen Blick auf die Kinder zu werfen. Ihre Hörantennen sind von Anfang an voll ausgefahren. Jedes Baby reagiert, wenn es die eigene Mutter kommen hört. Jedes Kleinkind kann unterscheiden zwischen der Stimme des Nachbarn und der des Vaters. Selbst im ärgsten Getümmel auf dem Spielplatz orten Kinder ihre eigenen Geschwister. Autobesessene können die Motorengeräusche verschiedener Automarken unterscheiden, und Handyfans können unzählige Klingeltöne erkennen. Und wenn der Bruder Trompete spielt, so wird schon der Kleinere die Trompeten aus jeder Bach-Kantate heraushören. Nicht zu vergessen die unschlagbare kindliche Gabe, unechte, falsche oder verkrampfte Untertöne aus dem süßen Gesäusel mancher Erwachsener herauszufiltern.

Es lohnt sich, auf diese erstaunliche Gabe einzugehen. Am besten so früh wie möglich. Statt Fernseher an – zusammensitzen und einfach einmal lauschen: die Geräusche von der Straße, die Stimmen der Nachbarn, da plötzlich ein Lachen, eine Frau mit Stöckelschuhen, einer der schimpft, ein Hund, der knurrt, ein Klingelton. Und das Wichtigste: einander einfach einmal nur zuhören, sich zurücknehmen und nicht schon beim Zuhören die richtige Antwort formulieren. So hört man auch Zwischentöne, Nuancen und sogar das, was nicht gesagt wird. Hören in dieser Haltung, die auch das »Hören mit dem dritten Ohr« genannt wird, bringt Intimität mit sich, eine Intimität, die den Alltag wohltuend belebt. Eine Weisheitsgeschichte von Antonio de Mello erzählt hierzu: »Als ein Mann, dessen Ehe nicht gut ging, des Meisters Rat suchte, sagte er: ›Du musst lernen, deiner Frau zuzuhören.‹ Der Mann nahm sich diesen Rat zu Herzen und kam nach einem Monat zurück und sagte, er habe gelernt, auf jedes Wort, das seine Frau sprach, zu hören. Sagte der Meister mit einem Lächeln: ›Nun geh nach Hause und höre auf jedes Wort, das sie nicht sagt.‹«

Wer einmal die Sprache der Intimität, des Herzens hören durfte, die Stimme, die da flüsterte: »Du bist nicht allein, ich bin bei dir«, der wird seine Antennen nicht einziehen. Er wird sie als Sehnsucht in seinem Herzen bewahren und wird empfänglich bleiben, wenn er sie bei Bach, Mozart oder Grönemeyer wieder vernimmt. Und er wird sie finden in den verschiedensten akustischen Landschaften der Intimität, der Herzlichkeit, der Freundschaft, der Wahrhaftigkeit, des Friedens und der Natur, weil jemand da war, der ihm früh vermittelte: »Da ist jemand, der dich hört.« Und er wird sie finden in der Stille. Auch die Stille kann zu uns sprechen. Manchmal nach dem Verstummen der letzten Orgelklänge erlebe ich, dass der Augenblick der Stille danach die Musik noch übertrifft – wie ein Einatmen, nachdem das letzte Nachhallen im Kirchenraum ausgeatmet hat.

Herzensbildung beginnt mit dem Hören lernen. Warum? Die meisten Informationen, die heute auf uns einprasseln, können wir wegen des unüberschaubaren, hochgezüchteten Spezialistentums gar nicht mehr verstehen. Was ist wahr, was ist Scheinargument, was ist Manipulation, Verzerrung? Wenn wir Inhalte nicht mehr überprüfen können, so bleibt uns wenigstens unser Ohr, das am Klang der Information erkennt, was stimmig ist und was nicht. So hören wir es ganz einfach, wenn einer lügt oder es nicht ehrlich mit uns meint. Wir werden weniger hinters Licht geführt und können uns besser wehren, unter der Voraussetzung, dass wir das Hören geübt haben.

Der Philosoph Hans-Georg Gadamer bemerkte: »Hören schließt schon eine Art Zusammengehören ein, sodass man für das Gesagte in Anspruch genommen wird.« In jedem ist ein tiefes Gefühl des Zusammengehörens verwurzelt. Das schafft eine Sehnsucht, die letztlich Ursprung jeder Kunst, Religion und Liebe ist. Diese Verbindung beginnt mit dem Hören. Fehlt sie oder reißt sie ab, so spüren wir Entfremdung und seelische Schieflage.

Ein wesentlicher Teil der Herzensbildung ist das Hören lernen. Gutes Zuhören ist der direkte Draht zum Herzen und vielleicht das Menschlichste, was wir uns selbst und einander schenken können.

Gefühltes Wissen

Hat nicht jeder schon die Erfahrung gemacht, dass eine plötzliche Eingebung sich allen Überlegungen der Vernunft als überlegen erwies? Für die Hirnforscher indes galt lange das uneingeschränkte Primat der Ratio. Und

bei den klugen Köpfen in den Topetagen ließ man Gefühle höchstens in kleinen Dosen mitspielen, überall dort wo das Denken an seine Grenzen kam und die Power der sterilen Zahlen nicht ausreichte. Man warf der Intuition, die die Entscheidungen leitete, ein intellektuelles Gewand um, sodass sie die Kontrollen der Mitarbeiter passieren konnte. Das hat sich gründlich geändert. Ein ganzes Heer von Hirn- und Verhaltensforschern hat sich darangemacht, jene Fähigkeit zu dechiffrieren, die der Volksmund als »Bauchgefühl« bezeichnet. Noch vor zehn Jahren hätte Ap Dijksterhuis, Professor für Sozialpsychologie in Amsterdam, für diese Aussage scharfen Protest geerntet: »Je komplexer eine Entscheidung, desto mehr sollte man seinem Unbewussten vertrauen.« Heute erlebt die Erforschung intuitiver Entscheidungen einen dramatischen Auftrieb. Wer lange und gründlich nachdenkt, entscheidet häufig falsch, so die Erkenntnis.
Wer noch nie Auto gefahren ist, sollte sich lieber nicht auf seinen Bauch verlassen, wer aber seit Jahren Routine besitzt, der sollte genau dies tun und die eingespielten Abläufe nicht durch langes Nachdenken blockieren. Von dieser Erkenntnis lässt sich ein Bogen schlagen zum englischen Philosophen Alfred North Whitehead: »Die Behauptung, dass wir die Gewohnheit annehmen sollten, gründlich zu bedenken, was wir tun, ist ein völlig abwegiger Gemeinplatz, der dessen ungeachtet in zahlreichen Büchern und Vorträgen prominenter Leute immer wiederkehrt. Es verhält sich genau umgekehrt. Die Zivilisation erzielt ihren Fortschritt, indem sie die Zahl der wichtigen Vorgänge vermehrt, die wir ohne Nachdenken ausführen können.«

»Lass das Denken, wenn du geübt bist«, empfiehlt der Intuitionsforscher Gerd Gigerenzer. Er plädiert entschieden dafür, mehr auf die Intuition zu hören, die für ihn alles andere ist als Esoterik oder irrationale Gefühle, die unmotiviert aus dem Unbewussten auftauchen. Vielmehr sieht er darin eine Form von gefühltem Wissen, das drei Eigenschaften hat:

1. Das Ergebnis ist sehr schnell im Bewusstsein. Man fühlt sofort, in welche Richtung es geht.
2. Die Gründe dafür sind nicht im Bewusstsein, d. h. wir wissen nicht, warum wir das wollen.
3. Dennoch ist das Gefühlte stark genug, um uns zum Handeln zu motivieren.

Das lässt sich an einem einfachen Beispiel verdeutlichen. Wenn wir jemanden in unserer Muttersprache sprechen hören, wissen wir sofort, wann ein Satz grammatikalisch falsch ist. Aber wir wissen meist nicht warum. Und das ist ein Kennzeichen der Intuition: Wir wissen nicht, warum wir ein bestimmtes gefühltes Wissen haben. Nicht immer, aber oft genug ist unsere Intuition besser als das genaueste Nachdenken. Sie hat gegenüber der Ratio viele Vorteile. Wir reagieren besser mit wenig Bedenkzeit. Deswegen erstaunt es, dass bei der Beantwortung so vieler Fragen, die eigentlich auf der Hand bzw. auf dem Herzen liegen, so viele ihrem Herzen nicht folgen. Weshalb? Für Gigerenzer liegt die Antwort in der seit Jahrhunderten von Rationalität beherrschten Welt, in der Beweggründe, Belege und Rechtfertigungen das A und O von Handlungen seien. Vor allem Ärzte, Richter und Polizisten getrauen sich immer weniger, ihren Intuitionen zu vertrauen, weil sie später, wenn Probleme auftauchen, ohne rational belegbare Argumente dastehen.

Wir aber können ohne Intuition, das Wissen unseres Herzens, nicht leben. Es geht darum, sie zu akzeptieren als das, was sie ist, ein gefühltes Wissen, das uns bewegt und in Bewegung hält. Sie greift auf unbewusste Prozesse zurück, körperliche Signale zum Beispiel, die andere aussenden, auf leise Töne, Untertöne, Klangfarben, deren Frequenz unsere Logik gar nicht wahrnimmt. Mit ihrer Hilfe spüren wir sofort, wie es unserem Gegenüber geht, weil sie mitschwingt bei dem, was andere uns mehr oder weniger bewusst mitteilen. Sie zeigt an, wenn etwas nicht stimmt, und dieses Gefühl dürfte wahrscheinlich schon vielen Menschen das Leben gerettet haben. Bei der Intuition handelt es sich um eine unbewusste Form von Intelligenz, die nicht im Gegensatz zum Logos steht, sondern ihn ergänzt.

Gigerenzer hat in seinem Buch »Bauchentscheidungen« Prinzipien herausgearbeitet, nach denen Intuition funktioniert: »Geh nach dem, was du kennst!« – und »Geh nach dem ersten guten Grund und ignoriere den Rest!«. Beide Regeln zeigen, Intuition funktioniert nicht über komplexes Wissen, wir dürfen getrost einige Informationen weglassen und uns auf das verlassen, was wir kennen. Das lässt sich auch bei Spitzensportlern beobachten. »Wenn sich die Spieler Zeit nehmen und ihr Vorgehen genau analysieren, treffen sie keine besseren Entscheidungen. Im Gegenteil, die intuitive Reaktion ist im Durchschnitt besser.«

Was ist die Konsequenz? Die Sprache der Intuition sollte ein Herzstück der Herzensbildung sein. Ich behaupte nicht, dass die Welt besser wäre, wenn wir nur auf den Bauch hörten. Es geht darum zu differenzieren. Wenig kann die Intuition zur Lösung von Fragestellungen beitragen, die komplexe Information und Wissen voraussetzen. Aber sie ist ein Weg, um mit Unsicherheiten zu leben und Entscheidungen zu fällen, weil sie ein Wissen aus Gefühl, spontan und schnell ist. Deswegen meine These: Je schwieriger eine Wahl zu treffen ist, desto mehr sollte man seiner Intuition trauen. Das intuitive »Weniger ist mehr« sprengt unsere bisherige Auffassung, dass wir in einer komplexen Welt nur zurechtkommen, wenn wir mit komplexen Gedankengängen reagieren. Ich denke, es ist an der Zeit, dass wir unsere defensiv ängstlichen Haltungen hinterfragen und der Intuition mehr zutrauen. Wir dürfen unserem gefühlten Wissen mehr zutrauen, als wir es bisher wagten, und auch dazu stehen, dass wir seine Sprache ernst nehmen und in unsere Entscheidungen einbeziehen. Ob wir einen Menschen mögen oder nicht, ob wir diesen oder jenen Weg einschlagen und im Dickicht der Möglichkeiten links oder rechts gehen, entscheidet letztlich unsere Intuition. Natürlich auch im Wissen, dass unsere Intuition genauso irren kann wie unser Steuermann Vernunft. Dennoch plädiere ich dafür, dass oben auf dem Index der Herzensbildung das Wort »Intuition« stehen sollte. Und da Herzensbildung eine Lebensweise ist, geht es darum, Intuition zu leben. Wie? Die richtige Antwort wissen wir intuitiv.

Sich selbst verstehen

Sehnen Sie sich noch nach etwas? Gehen Sie noch Träumen nach? Haben Sie Hoffnungen? Brennt etwas in Ihnen? Gibt es etwas, wofür Sie sich hingeben? Diese Fragen wären beliebig fortzusetzen. Dies alles sind Herzensfragen und können der Selbsterkundung gute Dienste leisten. Hören Sie Echos? Resonanz? Oder Zensur? Wie viel bisher verdeckte Phantasie, wie viel verstecktes Gefühl wagen sich hervor?

Die Aufgeklärten werden jetzt vielleicht höhnisch lachen. Ich glaube, man muss sie lachen lassen. Nicht nur Verliebte, Sportfans und politische Fanatiker werden von diesen Fragen bewegt, sondern auch kreative, motivierte Personen, deren schöpferische Energie Kräfte freisetzt, mit denen kein intellektuelles Programm konkurrieren kann. Ihre Träume sind stärker als die graue Wirklichkeit. Darauf vertrauen sie und überzeugen morgen vielleicht auch die reinen Logiker. Deshalb ist die Abwertung dieser Fragen zumindest ebenso kurzsichtig wie ihr ungebändigtes Überfluten. Wer sein Herz ernst nimmt, der kommt an diesen Fragen nicht vorbei.

Und doch: Von der Vielfalt innerer Wünsche, Hoffnungen und Bewegungen wird so wenig gesprochen. Allenfalls in der intimen Zweisamkeit. Der Grund ist offensichtlich: Man spricht eher von Aufgaben, Plänen, Zielen. Das »Soll« und das »Muss« ist das Thema und nicht das »Ist«.

Es kennzeichnet Menschen mit Herzensbildung, dass sie sich um ihre Wünsche, Hoffnungen, Sehnsüchte und Träume kümmern, um sich besser zu verstehen. Es mag einer noch so kompetent und erfolgreich sein, wenn er sich diesen Fragen nicht aussetzt, fehlt etwas Wesentliches. Das bedeutet: Die entscheidende Bewegung, die aus dem Herzen kommt, fehlt. Leider ist es so, dass in unserer Gesellschaft häufig der schöpferische Mensch scheitert, der, mit großen Hoffnungen ausgestattet, Großes leisten könnte. Stattdessen wird der belohnt, der es ohnehin leichter hat mit der Einhaltung gesellschaftlicher phantasiearmer Regeln, weil ihn keine Träume und Wünsche plagen.

Es muss aber darum gehen, den Herzschlag der inneren Bewegungen »abzuhorchen« und die Sprache der Wünsche, Träume und Sehnsüchte zu ihrem Recht kommen zu lassen, weil sie uns mit unserem Herzen in Verbindung bringen. Wir brauchen Wünsche und Träume, weil diese uns mit unserer Glücksdisposition in Verbindung bringen. Es ist das Wesen der Herzensbildung, dass sie sich in allgemeinen, fraglosen Orientierungen an phantasielosen Verkehrsregeln nicht zu Hause fühlt. Zu eigenem schöpferischen Denken ist nur fähig, wer Assoziationen mit inneren Bildern, kühnen Träumen, Wünschen und Fühlen herstellen kann. Solche Erfahrungen prägen uns nachdrücklich; sie vertiefen uns. Warum? Weil es nicht genügt, es bequem zu haben, einzukaufen, fernzusehen, Handy am Ohr, Türe zu. Menschen fühlen sich am meisten als wirklich sie selbst, wenn sie mit inneren Wünschen, Gefühlen und Phantasien in Kontakt sind, die im gewöhnlichen Alltagsbewusstsein nicht stark hervortreten. Auf Spaziergängen, im Wald, bei der Betrachtung des Meeres, im Gespräch mit einem guten Freund. Jeder kennt es: Man fühlt sich plötzlich substanzieller, wirklicher. Die Vitalität der Suche nach innerer Bewegung, nach tiefem Kontakt mit sich selbst, das unterscheidet den Herzensgebildeten vom Fachidioten. Dabei denke ich an so manche Landärzte, die mit einfachen Gesten für das Herz ihrer Patienten mehr Segen bringen, als so manche spektakuläre Herztransplantation.

Wer sich die exzentrischen Konzepte mancher Gurus vom »Weg nach innen«, vom Trip in die Wüste, in den Tank, in die Wildnis, ins Seelenmarathon vor Augen führt, der wird vielleicht aufatmen vor der verblüffend einfachen Erkenntnis, dass man täglich bei sich sein und sich auf die Gegenwart seines Lebens einlassen kann, wenn man auf seine inneren Bewegungen achtet und diese reflektiert.

Sich selbst verstehen beginnt mit Fragen: Was will ich sein, im Wissen, dass ich nicht alles sein kann? Was brauche ich? Was tut mir gut? Was schadet mir? Was ist wichtig für mich? Was vernachlässige ich? Was nehme ich wahr? Sich verstehen beruht auf guter Kenntnis der eigenen Möglichkeiten und Grenzen. Statt dass man nur bestimmte, vorgegebene Dinge glaubt, wünscht oder fühlt, kann man sich fragen: Woher kommen meine eigenen Gefühle und Phantasien? Was hat sie ausgelöst? Wo liegt ihr Ursprung? Es geht darum, sich in seinem Fühlen zu verstehen, statt es nur geschehen zu lassen. Solches Wissen ergänzt das gewöhnliche Wahrnehmen der Welt, vertieft es und macht es wesentlicher, weil es das Erleben der Welt näher mit dem Erleben des eigenen Seins zusammenführt. Hier liegt auch das Besondere dieses Verstehens. Wer seine inneren Bewegungen zu verstehen versucht, der gewinnt innere Orientierung und kann auch Orientierung geben.

Die innere Perspektive öffnet sich, wenn wir unsere Träume, Wünsche und Sehnsüchte als Chance erkennen, mehr über uns selbst zu erfahren. Und das heißt, das innere Auge und Ohr auf Empfang zu stellen, und ernst nehmen, was sich da meldet. Huscht da ein Wunsch vorbei? Streift eine Sehnsucht? Kommt eine Erinnerung? Eine Traurigkeit? Schlägt mein Herz an?

Das alles sind Fragen, die unmittelbar zum Herzen führen. Sie werden uns nicht um unseren Verstand bringen, sondern zu uns selbst zurück.

Respekt vor anderen

Zur Kultur des Herzens gehört – zum Beispiel – Respekt. Respekt entlastet uns vom Unmöglichen. Wir können nicht jeden Menschen lieben, mit dem wir gleichwohl Umgang pflegen, sollen und müssen. Es ist schlicht unmöglich. Aber wir können ihn respektieren. Natürlich kann man Respekt nicht verordnen. Aber Respekt als Haltung gibt uns etwas, was trotz aller Selbstverwirklichungsakrobatik den Einzelnen oft fehlt: eine Grenze. Wir brauchen diese Grenze nicht nur bei denen, die uns fremd sind, sondern auch bei denen, die uns sehr nahestehen. Die Grenze, die den anderen trotz seiner Verschiedenheit oder trotz seiner großen Nähe achtet, verleiht Gesicht, Gestalt und Würde. Sie ermöglicht das, was wir als Toleranz bezeichnen. Der Wunsch nach Grenzen ist natürlich und gesund. Es gibt auf die Dauer keine Begegnung oder Beziehung ohne die Grenze der wechselseitigen Achtung. Beides ist fatal: die Ablehnung alles Fremden und Andersartigen wie auch vorgetäuschte uneingeschränkte Toleranz, denn man muss nicht alles ertragen können.

Meistens dulden wir einander, oder wir finden uns irgendwie ab, weil wir keine andere Wahl haben. Oder wir suchen nur die aus, deren Interessen und Auffassungen wir teilen, und übersehen oder vermeiden die, die uns fremd oder unsympathisch sind. Mit Toleranz meine ich nicht das förmliche Dulden des Fremden, sondern den von Herzen kommenden echten Respekt vor anderen Arten zu leben. Das ist gewiss keine leichte Kost – einander respektieren, einander »ertragen« (lat. tolerare). Vor allem, wenn unsere eigenen Wertvorstellungen verletzt werden. Vielleicht hilft die Einsicht, dass wir alle fehlerhaft und unvollkommen sind, daher genötigt zum Respekt und der Anerkennung der Vielfalt menschlicher Schwächen. Verbunden mit der Erkenntnis, dass wir alle mit den gleichen Ängsten, Sehnsüchten, Einsamkeiten und Leiden kämpfen. Und jeder sich auf seine Art bemüht, unter den gegebenen Umständen sein Bestes zu geben – wie grotesk und bizarr es manchmal auch ausfallen mag. Das Eingeständnis der eigenen Gebrochenheit, Zerbrechlichkeit, Verletzbarkeit macht uns menschlich. So menschlich, dass wir einander nicht verächtlich begegnen, dass wir nie den Respekt vor uns selbst und vor anderen verlieren.

Wie immer, wenn es um Haltungen geht, ist auch Respekt von einer Sichtweise begleitet: nämlich der Fähigkeit, die Welt auch mit anderen Augen zu sehen. Deswegen versuche ich es einmal mit einer anderen Überlegung. Respekt ist die souverän ausgeübte Kunst, auf das Rechthaben zu verzichten. Als Maxime für ein warmes, friedfertiges Herz könnte dieser Verzicht sich gewiss eignen, um das Leben lustvoller und entspannter zu gestalten. Zumindest versüßt er das eigene Leben. Natürlich kommt gleich der Einwand: Was ist, wenn man im Zug oder im Restaurant von Flegeln und Miesepetern gestört wird? Wenn der eigene Parkplatz weggeschnappt wird? Natürlich kann man sich empören oder trübsinnig werden. Man kann es auch mit Humor versuchen. Das ist sehr zu empfehlen. Sorgt er doch dafür, dass selbst verfahrene Situationen eine Prise Vergnügen erlauben. Was ist das für ein Glück, recht zu haben? Gibt es nicht herzerfrischendere Momente als die, in denen man wieder einmal recht hat?

Wie übt man den Schritt in respektvolles Verhalten? Indem man einmal den Gedanken durchspielt: Der sogenannte Feind ist so stark wie du selbst – er ist du selbst. Anders gesagt: Nicht nur die anderen sind die Hölle, die anderen sind wir auch immer (uns) selbst. Das wäre bedenkenswert. Respekt fordert einem eine Perspektive ab, die Schwäche erkennt und annimmt. Das heißt, wenn wir bereit sind, unsere eigenen Schwächen wahrzunehmen, verstehen wir auch, dass andere schwach sein dürfen. Aber Respekt sieht auch Stärken, und nicht nur die Stärken derer, die einem ohnehin nahestehen, sondern die Stärken derer, die einem fernstehen oder nicht sympathisch sind. Das Wesen des Respekts liegt in der Offenheit für das Andersartige. Respekt – die Achtung vor dem anderen – wohnt im Herzen.

Respekt heißt sowohl Unterschiede wie auch Ähnlichkeiten annehmen. Deshalb erfordert die Entdeckung des eigenen »Wer bin ich?« auch Differenzierung, die man nur gewinnt, wenn man Unterschiede erkennt und respektiert. Wenn wir also lernen, wie wir uns von anderen unterscheiden, erfahren wir, wer wir sind, und ebenso, wer wir nicht sind. Wir erleben beide Pole unserer Natur. Identifizieren und nicht vergleichen, so erleben wir unsere Eigenständigkeit und Eigensinnigkeit. Kurz gefasst: Wir lernen andere zu schätzen, ohne sie zu überschätzen. Wir lernen uns vor den anderen zu verneigen, ohne uns unterzuordnen. Wir lernen einander respektvoll anzunehmen und zu ertragen.

Loriot lässt grüßen

Ich gebe es zu, Humor ist für mich die würzigste Lektion in Sachen Herzensbildung. Humor ist bekanntlich, wenn man trotzdem lacht. Er ist wie die Liebe. Wenn man diese versucht zu definieren, tötet man sie.
Humor wurde einst als Resultat dessen verstanden, wie die Körpersäfte (humores) gemischt sind. Ohne über die eigenen Körpersäfte Indiskretes zu verbreiten, bin ich überzeugt: Lachen und Herz haben miteinander zu tun. Sie gehören zusammen. Aber wie? Lachen ist Fühlen. Und wer fühlt, lacht auch. Allerdings gilt das nicht für das schadenfrohe oder beschämende Auslachen, denn das hat genau den gegenteiligen Effekt. Es erzeugt das, was der französische Philosoph Gilles Deleuze in Anlehnung an Spinoza als »trübsinnige Leidenschaft« bezeich-

net. Während der Humor das Herz lustvoll belebt, wird das Verspotten zur Quelle der Übellaune und des Grolls. Humor ist auch nicht der zwanghafte Austausch von Witzen, der für manche Männergesellschaften so typisch ist, um nicht über Grundsätzliches reden zu müssen.

Der Humor zeigt das, was wir offiziell nicht sein dürfen oder nicht sein wollen, aber eben dennoch sind. Er relativiert, was offiziell gilt, und er macht geltend, womit wir innerlich nicht einverstanden sind. Humor ist aber nicht nur eine Waffe gegen Anpassungszwänge, sondern auch ein wirkungsvolles Mittel gegen die eigene Grandiosität und Überheblichkeit gegen andere. Humor versöhnt mit dem Unverfügbaren, dem Unabwendbaren, dem Schweren, denn er offenbart, dass jeder Herzschlag, jedes Geschick, jeder Plan, jedes Missgeschick letztlich unverfügbar ist. Er ist Voraussetzung zur Selbstdistanzierung und damit einer der wichtigsten Schlüssel der Herzensbildung, damit wir wir herzlich über uns selbst lachen können. Humor zeigt das Menschliche, das Allzumenschliche, und er zeigt im Allzumenschlichen das Menschliche.

Der Humor beschenkt uns mit einer Herzensgabe: Wir dürfen mehr merken, mehr fühlen, als wir uns das normalerweise gestatten. Das Strickmuster des Humors ist dasselbe wie das der Herzensbildung: Genau hinschauen, merken, verstehen, weglassen. Und wenn es nötig ist: prägnant machen oder übertreiben. Der Humor riskiert eine Offenheit oder Narrenfreiheit, die wir Kindern und beherzten Menschen zuschreiben. Sie dürfen das merken und sagen, was man normalerweise nicht denken und aussprechen darf oder mag.

Deshalb sind Fühlen und Humor verwandt. Beide leben davon, dass anerzogene Gefühle und Merkverbote aufgehoben sind. Wir dürfen wahrnehmen und sind befreit von der Anstrengung, uns zusammenzuhalten, zurückzunehmen und wegzumachen. In einem Wort: Fühlen und Humor befreien uns von der Anstrengung, dumm zu bleiben. Fazit: Humor macht klug. Er erlaubt uns zu widersprechen. Deshalb können Disziplinfanatiker nicht leicht lachen, sie klammern sich an Sicherheiten, Regeln und Gehorsam. Ihnen fehlen die Spielräume, das gelöste Lassen, das unbeschwerte Sich-Einlassen.

Je schneller und fremder die heutige Welt wird, je mehr wir uns selbst fremd werden, weil wir uns ständig anpassen müssen, desto wichtiger ist der Humor, der uns wenigstens noch Inseln verschafft, auf denen wir uns selbst wiedererkennen und uns zugestehen dürfen, dass wir zwar nach außen anders erscheinen, aber innerlich doch nicht so viel anders sind. Und das ist vielleicht der Kern des Humors, dass wir entdecken dürfen, dass wir, so hochindividuell und souverän wir auch scheinen mögen, in Wirklichkeit doch immer das bleiben, was wir schon immer waren, nämlich menschlich, allzu menschlich.

Wer konnte uns das besser vor Augen führen als Loriot? Warum lieben wir seine Möpse? Weil wir lachend sagen dürfen: Das sind ja wir. Ja vielleicht sogar ein treffenderes »Wir« als wir selbst.

Auch in uns lebt vielleicht mehr Tier, als uns lieb ist. Doch glücklicherweise zeigt Loriot uns die Möpse als stellvertretende Menschen, die genau das leben, was wir nicht leben dürfen oder uns verkneifen zu leben. In der deutschen Bildung tut man sich schwer mit dem Humor.

Alles, was als leicht etikettiert wird, erzeugt gern Stirnrunzeln und hochgezogene Augenbrauen und gilt als oberflächlich oder unseriös. Ich meine aber, dass sich gerade durch das Leichte eine Stelle in unserem Herzen öffnet, die sich ohne Humor nicht öffnen würde. Wir sollten das Leichte nicht unterschätzen. Das Leichte ist niemals nur leicht. Es ist auch nicht das Gegenteil von Ernst, sondern ein leichterer Aggregatzustand des Ernstes. Wer das Leichte nicht riskiert, nimmt auch das Ernste nicht ernst genug.

Wäre unsere Welt nicht ärmer ohne Loriots sprechende Möpse, die uns sagen: »Das bist auch du?«, »Möpse können«, wusste Loriot, »wie Menschen im Alter figürlich etwas nachlassen, jedoch an Ausdruck gewinnen.« Vielleicht kommt durch sie etwas Wärme, Gelassenheit und Menschlichkeit in unsere Herzen. Warum sollten wir sie uns nicht hin und wieder bei Loriots liebenswürdigen Möpsen mopsen? Immerhin ist das unbezahlbar und unendlich besser als eine Welt, in der man nichts mehr zu lachen hat.

Sich einfühlen

Ich denke an eine Szene im Krankenhaus: Ein Clown besucht die Kinderabteilung und setzt sich an das Bett eines Mädchens, das vor Schmerz bitterlich weint. Der Clown packt seine Tüte Popcorn aus, nimmt eine Handvoll und tupft damit die Tränen des Mädchens ab. Dann isst er die feuchten Popcorns und sagt so etwas wie: »Jetzt schlucke ich deine Tränen, dann geht dein ›Weh‹ weg.«

Und plötzlich strahlt das eben noch von Schmerz gezeichnete Kindergesicht froh auf.

Woher hat dieser Clown gewusst, was dieses Mädchen gebraucht hat? Wie wissen wir, was ein anderer Mensch fühlt? Wir spüren es, wenn wir uns in den anderen mit all unseren Sinnen einfühlen. Warum ist Einfühlung so wichtig für die Herzensbildung? Einfühlungsvermögen hat seinen Sitz im Herzen, das wir füreinander haben. Das Herz ist unser Sinn für das andere Fühlen. Der Verstand kann mit den anderen Gefühlen so wenig anfangen wie mit den eigenen. Was da ist, wenn zwei Menschen mehr erkennen als das, was das äußere Verhalten des Augenblicks freigibt, ist mit den Kategorien des Denkens allein nicht zu fassen. Sie erwecken höchstens den Eindruck: »Er hat sicher recht, aber er versteht mich nicht.« Einfühlung führt über Anstandsregeln hinaus, die, wenn sie in der Förmlichkeit stecken bleiben, schnell abgerichtet und herzlos wirken.

Es gibt Menschen, denen es leichtfällt, ihren Schalter nach Bedarf anzuknipsen: Ich höre dir zu, ich interessiere mich für dich. Aber ist dieses Verhalten schon Einfühlung? Oder wird hier Mitgefühl mit der umfassenderen Gabe Einfühlung verwechselt? Einfühlung ist mehr als spontanes Mitfühlen, das uns zu Tränen rührt angesichts der Misere eines Freundes. Da seine Gefühle uns an eigene Gefühle erinnern, können wir seine Traurigkeit, seine Verlassenheit oder Empörung nachfühlen. Unser eigenes emotionales Betroffensein hilft, dass wir trösten können, uns mitfreuen oder mitleiden. Und wirkliches Mitleiden ist mitunter mehr als mitfühlen, weil es einen selbst schmerzt.

Dass das Herz seine Gründe hat, die der Verstand nicht versteht, heißt, dass unsere Einfühlung für den anderen weiter geht, als rational nachvollziehbar ist. Dieser Blick mit dem Herzen ist es, der uns über den eigenen Schatten springen lässt. Einfühlsamer Umgang mit den Geschichten und Gefühlen anderer zählt zum Schwierigsten, was uns Menschen aufgegeben ist. Man denke nur daran, wie leicht uns der Satz von den Lippen geht: »Ich verstehe dich«, und wie vielschichtig der Prozess ist, der wirklicher Einfühlung zugrunde liegt.
Nichts fordert und fördert unsere Intelligenz, nichts unser Feingefühl so sehr wie der Umgang mit anderen Gefühlen. Es gibt keine Patentlösungen, die ihn vereinfachen könnten. Es gibt immer nur den personalen Moment »Hier und Jetzt«, dessen Bedeutung aber immer auch in die Zukunft weist. Da lohnt es sich, in sich selbst hineinzuhorchen: Was geht in mir vor, wenn ich Einfühlung erfahre? Besonders brauche ich sie in Lebenskrisen, bei Schicksalsschlägen oder wenn mich heftige Emotionen überwältigen. Ebenso schenke ich Einfühlung denjenigen, die einfühlendes Verstehen brauchen, um seelisch oder körperlich wieder auf die Beine zu kommen.
Wann können wir wirklich sagen: »Ich verstehe dich«? Was einer denkt, kann ich vielleicht an seinen Worten erkennen – falls er sich offen äußert. Aber was er fühlt? Wie verstehe ich Empfindungen, die keiner von uns beiden in Worte fassen kann? Einfühlsamkeit geht über solch gefühlsbetontes Sympathisieren hinaus. Das Wort ist ein Transitivum. Es bezieht sich auf den anderen. Einfühlung – welchem das aus dem Altgriechischen gebildete Kunst-

wort »Empathie« entspricht – umschreibt die Fähigkeit, die Erfahrungen eines anderen fühlend zu erfassen, zu verstehen, was in ihm vorgeht, und dementsprechend angemessen darauf zu reagieren. Als Bild erscheint mir der Arzt vor Augen, der in einer dunklen Leibeshöhle nur mit seinen empfindlichen Fingern abtastend untersucht. Zu diesem Bild gehört die Vorstellung einer mit geschlossenen Augen arbeitenden Konzentration, die Bereitstellung aller Erfahrungen, die sich auf diesen Moment des Sich-eins-Fühlens beziehen und vor allem – Zeit. Gefühle brauchen Zeit, deswegen ist Einfühlung nie das Produkt eines schnellen »Aha«. Sie erfordert eine besondere Haltung des antennigen »Hinspürens«, »Einstimmens« und »Mitdenkens«, die ermöglicht »in die engen oder weiten Schuhe eines anderen zu schlüpfen« oder »in seinem Kopf spazieren zu gehen«. Und sie braucht Phantasie. Es geht um eine Einstellung, die vernehmend, hörend, empfangend ist, bevor sie antwortend, aktiv und intentional wird. Eine ältere Frau drückt dies als Wunsch aus: »Wenn es mir schlecht geht, wünsche ich mir den anderen als jemanden, der mir unendlich lang zuhört, bis ich durch mein Fühlen und Sprechen selbst darauf komme, was mir fehlt und was ich zu tun habe.«

Wenn wir einfühlsam sind, dann absorbieren wir aber nicht nur passiv die Gefühle des anderen. Empathie ist Seelenarbeit, denn sie fragt: Was bedeutet dein Gefühl? Wie gehe ich mit dem Blick in deine Seele um? Empathie erschöpft sich nicht im gefühligen Zerfließen. Schon allein aus praktischen Gründen: Wenn einem bei einem Unfall übel wird, kann man keine Erste Hilfe mehr leisten. Einfühlung bedarf einer bestimmten Distanz, um einen Sinn für die Würde des anderen Daseins zu entwickeln. Ohne diesen Sinn bleibt jede Einfühlung flach. Vergleichbar ist er mit dem Sinn, der aus Ölfarbe Kunst und aus Tönen Musik macht. Dieser Sinn, der uns zu einfühlsamen Wesen macht, ist in uns angelegt. Man kann ihn ausbilden, wie man Geschmack bilden kann. Nur gehört eben mehr dazu als das Einüben von Formen und Regeln. Es braucht eine bestimmte Art von Konzentration, die Simone Weil als »Aufmerksamkeit« beschrieben hat. Sie meint die »Aufmerksamkeit für die Realität des anderen«, die zu lernen ist. Diese Aufmerksamkeit ist eine Kraft, die sich nicht von Vorurteilen und Stereotypen verleiten lässt, sondern zulässt, dass wir leer werden und bereit, das, was der andere mit der Sprache seines Körpers, seiner Bewegungen und Worte ausdrückt, wahrzunehmen, ohne vorschnell einzugreifen, zu unterbrechen oder Ratschläge aufzudrängen. Das bedeutet auch, sich zurückzunehmen und auf eigene Offenbarungen zu verzichten. So verführerisch es sein mag zu sagen: »Das kenne ich auch«, oder »Ich habe auch schon so was durchgemacht«, einfühlsam ist es nicht. Jeder will seine Geschichten als einzigartig respektiert wissen, deshalb behindert dieses »Ich auch« das Einfühlen.

Einfühlung lässt die Möglichkeit offen, dass man beispielsweise einem aggressiven Kollegen wohlwollend begegnen kann und nicht mit gleicher Münze zurückzahlt, weil man ahnt, dass sein Verhalten nichts mit einem selbst zu tun hat. Oder dass man so zuhört, wie dieses kleine Mädchen in Michael Endes »Momo«, dass »… dummen Leuten plötzlich sehr gescheite Gedanken kommen … dass rastlose und unentschlossene Leute auf einmal ganz genau wissen, was sie wollen. Oder dass Schüchterne sich plötzlich frei und mutig fühlen.« So konnte Momo sich einfühlen, weil sie mit dem Herzen zugehört hat!

Wir haben die Wahl, ob wir einander als selbstzufriedene Autisten begegnen, oder ob wir uns das andere Dasein etwas angehen lassen wollen. Manchmal ereignet sich gegenseitige Einfühlung einfach – wie beim Tanzen. Man dreht seine gemeinsamen Pirouetten leicht und spielerisch. In dem Moment sagen wir: »Die Chemie stimmt.« Keine Anstrengung ist nötig, es geschieht wie von selbst. Andere müssen wir verstehen wollen. Meist geschieht es nicht einfach und mühelos. Man muss sich entscheiden, verstehen zu wollen, weil man etwas erkannt hat und weil man es will; weil man menschlich sein will.

Das Herz hat am rechten Fleck, wer sich das andere Ergehen entschieden etwas angehen lässt. Wer es verlernt hat, sich in andere hineinzuversetzen, wird taub und blind für das, was um ihn herum vor sich geht. Auf der mitmenschlichen Ebene fährt nur gut, wer sein Einfühlungsvermögen großzügig walten lässt. Menschen, die ihren Vorteil zu eng sehen, sind im Umgang mit anderen arme Schlucker. Egoismus mag zwar übertüncht werden durch gutes Aussehen oder Einkommen, aber möglicherweise steht man einmal allein da, wenn man selbst Einfühlung braucht. Das Beste aus der Begegnung mit anderen macht nur, wer sich das andere Leid, seine Geschichte und sein Erfahrungswissen etwas angehen lässt. Je mehr man sich im Herzen berühren lässt, desto mehr gelingt ein tieferes Verständnis des Gewordenseins des anderen, ein Wissen über seine gegenwärtigen Umstände. Das führt zum Wunsch, die Begegnungserfahrung in die Zukunft auszudehnen. Es ist die Öffnung des Herzens, die Entscheidung: »Hier bin ich gefragt«, durch die dann aus Kontakt Begegnung, und aus Begegnung Beziehung wird.

Klüger als das Herz

»Wenn die Zuneigung bedroht ist und in Zeiten, da Menschen es schwer miteinander haben, ist die Form oft klüger als das Herz, ist die Höflichkeit wahrer und hoffnungsvoller als die innere Augenblicklichkeit des Menschen«, schreibt der Theologe Fulbert Steffensky. Höflichkeit und Respekt vor der Andersartigkeit des anderen gehören zu den wichtigsten Auszeichnungen der Herzensbildung. Höflichkeit ist an den Respekt vor dem anderen gebunden. Sie ist eine Möglichkeit, die Grenzen zu anderen selbst zu bestimmen und sich selbst eigene Grenzen zu setzen.

Jeder weiß natürlich, dass Höflichkeit pure Förmlichkeit, Heuchelei und Verlogenheit sein kann, die nur Schein und Als-ob vorgaukelt. Aber es gibt auch eine andere Form der Herzlosigkeit, die Verabsolutierung der Unmittelbarkeit, den Verzicht auf den Formenreichtum guter Manieren und deren Abwehr als »bloß formal«, unwesentlich, lästig. Immer alles ganz direkt, ehrlich, authentisch und unverstellt sagen. Kurzum: viel Gefühl, kein Benehmen.

Das Ausmaß an Gleichgültigkeit und Kränkungen, die Menschen einander alltäglich zufügen, ist unübersehbar geworden. Grüßen, beim Betreten des Ladens oder in der Arztpraxis, findet kaum noch statt. Die Zauberworte »Danke«, »Bitte«, »Entschuldigung« sind für viele zu Fremdworten avanciert. Und der Blickkontakt im gewöhnlichen kleinen Alltagsverkehr ist eher die Ausnahme als die Regel. Stattdessen hat man ständig das Handy am Ohr. Selbst die Kernbereiche guten Benehmens sind nicht selbstverständlich: beim Essen nicht rülpsen, auch für Fußgänger und Tiere bremsen, im Bus für Schwangere, alte Menschen und Gipsbeinträger lächelnd den Sitzplatz räumen. Der mangelnde Respekt vor anderen senkt nicht nur den Respekt vor einem selbst, sondern auch die Fähigkeit herab, sich in die Lage von jemandem zu versetzen, der durch mich seelische oder körperliche Schmerzen empfindet.

Dabei waren solche Formen des Alltags einmal so wichtig und hilfreich zur Beherrschung der Gemüter, zum Beschnuppern und Abtasten des Gegenübers, zur Verständigung über das Nötige. Früher war das Grüßen lebenswichtig. Durch den kurzen Blickkontakt wusste man, ob Feind oder Freund vor einem steht. Und heute, nach dem Wegfall unbequemer und verzopfter Konventionen und der Einbürgerung eines formlosen Umgangs in den 70er-Jahren, geht es wohl eher darum, die unter der ungezwungenen Oberfläche vorhandene Aggressivität im dicht gewordenen öffentlichen Raum zu entspannen. »Wir sind einander im Weg«, meint die Journalistin Cora Stephan, »im aufgeladenen öffentlichen Raum, den man gemeinhin mit mehr Menschen teilen muss, als selbst Herdentieren lieb ist.«

Es wäre wohl zu viel verlangt, forderte man jedem gleich positive Gefühle anderen Menschen gegenüber ab, wo

es doch schon viel wäre, er zeigte gutes Benehmen. Geht es doch um die Frage: Wie ertragen Menschen einander? Wie leben wir nebeneinander, ohne uns mit Gefühlen auf die Pelle zu rücken, sowohl positive wie auch negative?
Denn darin liegt der Sinn der Form der Höflichkeit und der Achtung: Sie versetzt den Einzelnen in die Lage, auch mit denen umzugehen, die ihm unbekannt, fremd, die ihm verhasst oder sehr nahestehen. Formen sind ein Angebot, das wir einander machen, das Aggressionsverzicht signalisiert. Auch wenn es nur bedeutet: »Ich tu dir nichts, also bitte tu mir auch nichts!« Sowohl in der Liebe als auch in ihrem Gegenteil – dem Hass – gibt es keine radikalen Lösungen. Gerade sie sind auf Formen angewiesen, die die geläufige »Tyrannei der Intimität«, wie Richard Sennett sie nennt, verhindern. Die pure Unmittelbarkeit, die nur der Situation und der Gefühlslage folgt, garantiert keine Zuverlässigkeit. Besonders in intimen Verhältnissen brauchen wir den Schutz der Formen, die uns entlasten, weil sie die Wucht des Aufeinanderprallens verhindern. Sie schaffen Distanz, wenn wir überwältigt sind. Distanz nicht nur zum anderen – auch zu den eigenen Gefühlen.
Formen, Rituale der Nähe und Distanz und Manieren sind keine Fossilien vergangener Zeiten. In einer unübersichtlich werdenden Welt sind sie eben keine Äußerlichkeiten, sondern »Rettungsanker der Zivilität« (Stephan 1991). Weil Formen der Distanz zu und der Begegnung mit Fremden, mit Andersartigem dienlich sind. Und weil sie nicht Abgrenzung, sondern Akzeptanz von Verschiedenheit signalisieren.

Womit wir bei der Herzensbildung wären. Norbert Elias, Analytiker der deutschen Gemütskultur, spricht davon, dass wir noch heute geprägt sind von einem abstrakten Humanismus, dem zufolge innere Werte weit wichtiger sind als die Welt der »civilitas«, des Taktes und des Kompromisses. Herzensbildung heute könnte sich dadurch erweisen, dass wir dem Freiheitsversprechen guter Umgangsformen wieder mehr zutrauen. Aber was könnte Menschen heute bewegen, höflich zu sein, eine Haltung einzunehmen, die oft so unspektakulär, aber vielleicht gerade deswegen so liebenswürdig daherkommt, die oft unauffällig bleibt und meist erst dort erkannt wird, wo sie vermisst wird?

Vielleicht ganz schlicht die Erkenntnis: Wer anderen höflich entgegenkommt, erkennt im anderen den, der er selbst ist – ein Mensch. Diesen mit Höflichkeit zu behandeln, dient im Grunde der eigenen Selbstachtung. Selbstachtung ist die Voraussetzung von Herzensbildung. Wer sich selbst achtet, weiß um sein Herz, was er anderen, ohne seine Selbstachtung zu verlieren, nicht vorenthalten will. Wer aus Selbstachtung höflich ist, rechnet nicht, sondern schöpft aus der Vorstellung dessen, wie und was er selbst sein will. Das kann nur jeder für sich selbst entscheiden.

III. Herzensgefühle

Warum so herzlos zum Herzen?

Ich gebe hier die Fragen von Schülern im Alter zwischen sieben und 13 Jahren wieder, die ihre Herzensdefizite benannt haben:

Warum haben sie mir nicht gesagt, dass man von anderen Kindern auch etwas lernen kann?
Warum habe ich nicht gelernt, an mich selbst zu glauben?
Warum sind wir nie an einem Wasserfall gesessen und haben dem Wasser zugehört?
Warum haben sie mir nicht gesagt, dass es mir guttut, Tagebuch zu schreiben?
Warum hat mir niemand gesagt, was eine Depression ist?
Warum haben sie mir nicht gesagt, dass man andere Kinder, die weinen, umarmen soll?
Warum haben sie mir nicht gezeigt, dass ich gut bin?
Warum haben sie mir nicht gezeigt, wie ich mich selbst gern haben kann?
Warum haben sie mir nicht vertraut?
Warum haben sie so wenig mit mir gespielt?
Warum haben wir nie zugehört, wie die Vögel gesungen haben?
Warum haben sie mich immer auf mein Zimmer geschickt?
Warum haben sie so wenig mit mir gelacht?
Warum haben sie mich nicht getröstet?
Warum haben sie geschimpft, wenn ich traurig war?
Warum musste ich immer nur lernen?
Warum haben wir keine Lieder gesungen?
Warum haben sie mir nicht gezeigt, wie ich mich wehren kann?

Schon Kinder und Jugendliche wissen um ihre Herzensdefizite, aber ein Tabu verhindert, dass sie sie offen ausdrücken. Es sind nicht so sehr die Gefühle, vor denen sie sich fürchten, sondern sie zu zeigen und auszudrücken, denn das hieße, sich zu enthüllen und zu verraten. Von Blicken unbeobachtet gelingt es manchen leichter, sich einem Gefühl hinzugeben. Wie viele heimliche Tränen werden im Dunkel des Kinos oder im Sessel vor dem Fernseher vergossen. Wie viele Gedichte, Bilder oder Geschichten wandern in die Schublade! Es ist die Angst, sich persönlich auszuliefern. Viele haben gelernt, Gefühle und Bedürfnisse auszudrücken sei albern, ein Fehler oder eine Schwäche. Aber die eigenen Gefühle verbergen, wie wir alle selbst wissen, das macht eng, hart. Verbergen grenzt ab und isoliert. Verborgene Gefühle sind unfruchtbar.

In Träumen kommen diese jedoch wieder zum Vorschein. Und im geschützten Raum einer therapeutischen Praxis dürfen sie sich melden, denn dort erhalten sie ein »Obdach« (Bastian 1998), unter dem die Sprache des Herzens zu ihrem Recht kommen darf, ohne durch die Stimme der Vernunft übertönt zu werden.

Eltern und Lehrer haben diesen Kindern wahrscheinlich nicht helfen können, sie wahrzunehmen und auszudrücken. Umso wichtiger ist es, dass es Orte gibt, die Auffangbecken und sichere Orte für Gefühle sind. Dennoch sollte man sich vor Augen halten, dass Therapie dann angezeigt ist, wenn das Kind quasi schon dreimal in den Brunnen gefallen ist: von den Nächsten, Familie, Verwandten, Freunden zur professionellen Ersatznähe, vom alltäglichen Austausch zur Sprechstunde, vom Verfügbaren zum Abgeschiedenen.

Deswegen scheint mir noch wesentlicher, dass wir bei uns selbst anfangen, eine Herzenskultur zu entwickeln, die den Gefühlen ihren Platz zurückgibt. Warum ist sie so wichtig? Von dem Geiger Yehudi Menuhin stammt der Satz: »Emotionen und Gefühle sind die persönlichsten, elementarsten und mächtigsten Antriebskräfte des Menschen.« Ich möchte hinzufügen: Gefühle sind ebenso einzigartig wie die Menschen, die durch sie bewegt werden. Sie brauchen keine Genehmigung, keine Administration. Sie wollen einfach sein. Sicher würden auch überzeugte Verstandesmenschen den Satz Alexander Kluges unterschreiben, dass Gefühle »die wahren Einwohner der menschlichen Lebensläufe« sind.

Wie kann man sein Herz öffnen? Vorhang auf für die andere Hälfte der Welt: die eigenen Gefühle wahrnehmen. Das heißt zunächst einmal, weg mit der Zensur, die längst so eingeschliffen ist, dass sie einem Reflex gleicht, der vom Unterbewusstsein geliefert wird. Sich der eigenen Empfindungen gewahr werden, gegenüber vorschneller sprachlicher Einordnung und Etikettierung misstrauisch bleiben und immer wieder hinspüren und nach Passungen suchen. Das wäre ein erster Schritt in Richtung Herz.

Ein Beispiel: Ich frage einen Berater, wie er den frühen Tod seines Freundes verkraftet. Er meint achselzuckend: »Man tut, was man kann.« Abgesehen von dieser merkwürdig hohlen Floskel war im Laufe des Gesprächs auffallend, dass er wirklich kein Handicap bemerkte. Sein langjähriges Training im »business as usual« entsprach einer Konditionierung, die ihm derart in Fleisch und Blut übergegangen war, dass er höchst erstaunt war, als ich ihn auf seine Härte gegenüber sich selbst ansprach. Er gab zu, dass er »da drinnen« – er zeigte auf sein Herz – eigentlich nicht hart sei, aber dass er auf seinem Weg nach oben »dressiert« wurde.

Diese Erkenntnis gibt Hoffnung, denn eine Dressur ist kein Persönlichkeitsmerkmal. Sie lässt sich rückgängig machen, wenn man bereit ist, seine inneren Antennen auf Empfang zu stellen. Um Gefühle wahrzunehmen, gilt es, sie zu erkennen, sie körperlich zu spüren und sich darauf einzulassen. Sich auf ein Gefühl einlassen ist mehr als Erkennen und Spüren. Man macht eine innere Erfahrung, die nur in Verbindung mit Bewusstheit möglich ist. »Da ist Traurigkeit.« – »Wie fühlt sie sich an?« – »Was spricht sie zu mir?« Man fühlt sein Gefühl bewusst ohne Gegenwehr, das heißt Sich-Einlassen.

Zu Gefühlen gehören auch körperliche Veränderungen der Atmung, der Muskeln, der Hautdurchblutung und der Pupillengröße. Sie sorgen für eine besonders enge Verbindung von Leib und Seele. Sie integrieren das Seelische und das Leibliche. Wenn wir gefühlsmäßig reagieren und nicht nur mental beurteilen, reagieren wir umfassender, weil unsere Gefühle und unsere Physiologie beteiligt sind.

Gefühle geben uns Orientierung: das Behagen am ersten Schluck Kaffee, als Erkennungszeichen für die Nachmittagspause, das Gefühl: »Ich halts im Kopf nicht aus«, das dem Schmerz seinen Lauf lässt, der Hochgenuss beim Lesen eines begnadeten Satzes und dieses lakonische »Was solls« – Melancholie am Sonntagnachmittag oder die Hoffnung: »Auch das geht vorbei.« Sie alle geben vertraute Impulse, auf die unser Alltag abgestellt ist.

Emotional ist das Band unseres Alltags geknüpft und emotional wird dieses Band gelöst.

Was für die Herzensbildung entscheidend ist: Die Wahrnehmung unserer Gefühle verbindet uns mit Werten. Wenn wir ein Kunstwerk oder eine Begegnung positiv bewerten, verknüpfen uns unsere Gefühle, weil sie mit körperlichen Reaktionen einhergehen, enger mit dem Erlebten, als es ein bloß bewertendes, emotionsloses Urteil vermag. Man stelle sich einen Monduntergang oder ein Sonnenbad am Meer ganz nüchtern ohne Gefühle vor. Wie blutarm wären diese Naturgaben, wenn nicht angenehme Gefühle hinzukämen, die den Genuss verstärken und dabei helfen, dass wir uns in tristen Zeiten leichter an sie erinnern.

Gefühle sind unsere inneren Antworten auf Werte. Sie machen Werte wertvoller, intensiver und lebendiger. Warum können Schriftsteller ausdrucksvoll schreiben? Weil sie fühlen und ihre Gefühle ausdrücken. Warum lösen sie intensive Gefühle in uns aus? Weil uns unsere eigenen Gefühle Resonanz ermöglichen, und zwar eine Resonanz, die besonders angemessen ist. Fällt diese positiv aus, fühlt sich das nicht nur angenehm an, es wächst einem auch Kraft zu, die man nutzen kann. Im Gegensatz zu Werturteilen, die aus dem Kopf geboren werden und uns kalt lassen. Das wird noch nachvollziehbarer, wenn wir uns das Kontrastprogramm vorstellen: die negativen Gefühle. Auch sie verleihen uns eine gewisse Substanz, Kraft und Tiefe. Ob sie passend sind oder nicht, das ist ein anderes Kapitel.

Der Stimme des Herzens Gehör verschaffen

Wir alle haben die Erfahrung schon gemacht: Wenn wir gut gelaunt sind, erinnern wir uns an ganz andere Details, als wenn wir niedergeschlagen sind. Man braucht nur in schlechter Stimmung mit der S-Bahn zu fahren. Garantiert sieht man nur Picklige, Punks, Alkoholiker, Arbeitslose und Alte. In blendender Laune empfindet man womöglich, dass die Welt genau nach den Kriterien der eigenen Bedürfnisse eingerichtet ist, und sieht plötzlich eine Auswahl attraktiver Männer oder Frauen. Schon winzige Veränderungen in der Gefühlslage beeinflussen unsere Gedanken und Urteile oft dramatisch. Vor allem das Lernen profitiert von Emotionen, schlossen Wissenschaftler des Cold Spring Harbor Laboratoriums in New York aus Experimenten mit Mäusen. Für die Erinnerung wichtige Moleküle werden an die Oberfläche der Nervenzellen gebracht, sodass man sich leichter erinnert – allerdings auch an negative Gefühle. Selbst unsere Sprache fällt anders aus, je nachdem wie gut oder wie schlecht wir uns fühlen. Kurzum: Gedanken profitieren von Gefühlen und Gefühle profitieren von Gedanken.

Die Theorie der multiplen Intelligenz (Gardener 1983) hat sicher den Boden bereitet für die Erfindung solcher Konzepte. Seit wenigen Jahren wissen wir nämlich viel mehr von den emotionalen Kräften, die unser Verhalten bestimmen, können sie besser deuten und beeinflussen. Zwei Pionieren, John Mayer und Peter Salovey, verdanken wir die Definition emotionaler Intelligenz: »… die Fähigkeit, die eigenen Gefühle und die anderer Menschen stetig im Blick zu behalten, zwischen ihnen zu unterscheiden und diese Information als Orientierung für die eigenen Gedanken und Taten zu nutzen« (Salovey & Mayer 1990). Der Publikumserfolg dieser Erkenntnisse geht auf den Wirtschaftsjournalisten Daniel Goleman (1995) zurück, der fünf Jahre später mit zwei Thesen Furore machte. Zum einen: Ein hoher IQ reicht nicht, um erfolgreich im Leben zu sein. Man setze einen brillanten Kopf an die Spitze einer Institution, und er wird sie zugrunde richten, wenn da nicht auch noch emotionale Intelligenz hinzukommt. Zum anderen: Emotionale Intelligenz ist eine Meta-Intelligenz, die sämtlichen anderen Intelligenzen, die wir haben, erst zum Durchbruch verhelfe. Die Kritiker aus der Wissenschaft reagierten gereizt auf Golemans Verheißungen, denn plötzlich galt alles Mögliche, von der Einfühlung, Toleranz, Konfliktfähigkeit bis hin zur Teamfähigkeit als Attribut dieser neuen Intelligenzform. Man betrachtete sie als Allheilmittel für die Krankheiten der Gesellschaft. Sie wurde verwässert und als Synonym für moralischen Charakter, Selbstkontrolle und attraktive Persönlichkeit, ja eigentlich für fast alles, was irgendwie Erfolg bringen könnte. Tatsache ist aber: Die Nachweise für die Wirkmächtigkeit emotionaler Intelligenz stehen erst in den Anfängen.

Vor allem die Hirnforscher nehmen das Bekenntnis vieler Mathematiker ernst, dass wir Gefühl und Intuition brauchen, um zu lernen und neue Lösungen zu finden. Voran der Hirnforscher Gerhard Hüther: »Ohne Aktivierung der emotionalen Zentren bleibt nichts im Hirn haften … Damit die emotionalen Zentren aktiviert wer-

den, muss etwas passieren, das einem Menschen ›unter die Haut‹ geht.«
Was aber muss passieren, dass einem etwas unter die Haut geht? Das hängt nicht nur davon ab, ob man von außen stimuliert wird, sondern zunächst einmal von der eigenen Bereitschaft, sein Herz zu öffnen. Und das bedeutet nichts anderes, als sich darauf einzulassen, dass man dieses oder jenes Gefühl im Innersten erlebt, statt es von sich fern zu halten. Die Frage ist aber: Wie können wir Gefühlsbotschaften richtig »lesen« und nötigenfalls steuern? Wie können wir Gefühle als etwas erleben, das innere Veränderung und Erweiterung bedeutet?
Kennenlernen wäre ein erstes Stichwort. Das heißt ganz schlicht, wach und aufmerksam sein für jedes Gefühl, das auftaucht. Es annehmen und so belassen, wie es ist. Es als persönliche Botschaft empfangen und deuten, das eine wichtige Auskunft enthält über unsere derzeitige Lebenssituation und über unsere Beziehung zu anderen.
Was berührt mein Herz besonders? Was macht es weit? Wovon bin ich bewegt? Bei manchen ist es der Kontakt mit Kindern, Tieren oder Pflanzen, bei anderen die Schönheit einer Landschaft, der Anblick einer Blume, die Ruhe an einem See, der Sternenhimmel, der Chorgesang oder die Liebe zu bestimmten Musikstücken von Bach, Mozart oder Brahms. Sich davon berühren, anregen und wandeln lassen, das heißt fühlen. Alles, was das Herz berührt, ist geeignet, sich zu spüren und mit den eigenen Herzensgefühlen in Kontakt zu kommen.
Viele haben sich daran gewöhnt, ein Leben ohne Beteiligung des Herzens zu leben. Ein Leben, das von antrai-

nierten Reaktionen und Reflexen gesteuert, in Wirklichkeit aber von Sperren und Ängsten geleitet wird, sodass viele vergessen haben, was es heißt zu fühlen. Wenn wir an der Schule den Umgang mit Gefühlen nicht gelehrt bekommen, sondern alles, was wir lernen sollen, uns dazu auffordert, sachlich, nüchtern, logisch zu bleiben, lernen wir auch nicht, unsere ungelenken Gefühle wahrzunehmen und zu bändigen. Unsere Intelligenz wird aber nicht schwächer, sondern wird davon profitieren, wenn wir uns auf Gefühle einlassen. Gefühle bringen uns zu uns selbst zurück, machen uns wacher, sensibler und differenzierter.

Da sollte die Herzensbildung ansetzen: alles fühlen wollen. Offen und berührbar sein wollen. Ich schreibe bewusst »wollen«, weil es eine Entscheidung ist, sich zu öffnen und berühren zu lassen. Menschen fühlen sich am meisten als wirklich sie selbst, wenn sie mit ihren Gefühlen in Kontakt sind. Vor allem mit Gefühlen, die gewöhnlich nicht so stark hervortreten. Auf langen Spaziergängen, bei der Betrachtung des Kaminfeuers, beim meditativen Schwimmen, am Küchentisch beim vertrauten Gespräch. Plötzlich fühlt man sich lebendiger, heiterer, weil man sich spürt und sich mehr als sich selbst fühlt.

Es reicht nicht zu konsumieren, sondern es geht darum, sich einzulassen. Sich beispielsweise auf ein Gedicht wirklich einzulassen, könnte dann zur Folge haben, dass man nach dem Lesen ein anderer ist als vorher. Weil man etwas gefühlt hat, weil man sich berühren ließ. Das unterscheidet den Herzensgebildeten vom Bildungsbürger, konstatiert der Philosophieprofessor Peter Bieri.

Ich denke an die vielen Reisen, die Menschen oftmals unternehmen, und wie wenig sie davon berührt bleiben. Sie reisen unentwegt, aber sie lassen sich nicht berühren. Hauptsache weg sein, und nur noch erwartend, aber nicht mehr erfahrend zu existieren. Man lässt sich nicht ein, und deswegen wird man selbst durch die weiteste, abenteuerlichste Reise kein anderer als zuvor. Es gibt aber auch Menschen, die die Welt nach jeder Reise anders sehen, weil sie sich berühren lassen. Weil sie aufmerksam und wach sind. Weil sie ihr inneres Ohr und Auge auf Empfang stellen und ihre innere Haut durchlässig machen. Sie sind nach jeder Reise lebendiger, prägnanter, innerlich schöner. Sie reden über ihre Erfahrungen und über sich selbst anregender und interessanter als diejenigen, die nur wiederholen, was sie schon immer wussten. Man hört ihnen gern zu. Ich erinnere mich an einen Freund, der von einer Reise nach Thailand zurückkehrte: »Ich kann nur staunen über die Freundlichkeit, den offenen Blick und das innere Wissen, dass diese Leute mir schenkten. Ich muss sagen, dass ich ohne diese Begegnungen weit weg von dem Menschen wäre, als der ich mich heute fühle. Dafür habe ich ihnen ein Denkmal gebaut – in meinem Herzen.«
Das ist vielleicht das Geheimnis von Menschen, denen wir gern zuhören. Bei deren Begegnung uns selbst das Herz aufgeht. Sie lassen sich berühren, inspirieren, verwandeln, weil sie mit ihren Gefühlen in Kontakt sind. Sie sind keine Fremden in dieser Welt. Ihnen gelingt es, mitzuerleben, mitzufühlen, mitzumachen, mitzusein und keine Panzerungen um sich zu bauen. Sie sind lebendiger als andere. Man möchte am liebsten sagen: wirklicher.

Gefühle regulieren

Gefühlsmäßige Berührbarkeit ist die Voraussetzung der Herzensbildung. Die meisten Kinder beherrschen diese Kunst noch. Beobachten Sie ein Kind und gehen Sie gleichzeitig in die eigene Kindheit zurück. Versenken Sie sich in dieses Kind, das eben noch tränenüberströmt und von Kummer gezeichnet, plötzlich wieder lacht und strahlt. Die Fülle und das Glück gesteigerter Gegenwart hängen aber nicht nur davon ab, wie berührbar wir sind, sondern auch wie wir mit unseren Gefühlen umgehen, wie wir sie ausdrücken. Können Sie sich an die innige Begegnung mit einem Menschen erinnern? Dann erinnern Sie sich sicher auch daran, wie Ihr Herz plötzlich aufging, wie Sie für kurze oder längere Zeit nicht mehr ein Vereinzelter mit einem Gegenüber waren, sondern wie sich Ihr Herz weitete, wie die Grenzen verschwanden, wie Ihr Ausdruck, Ihre Sprache, Ihre Gestik lebendiger wurden. Sie waren verbunden, Ihre Grenzen hatten sich geweitet, ohne dass Sie dabei Ihr Selbstbewusstsein verloren hätten. Vielleicht haben Sie eine sonst kaum erlebte Fülle des Herzens wahrgenommen. Selbst in solch einer kurzen Episode sind die Schlüssel der Herzensbildung zu finden: sich öffnen, die Sinne aufmachen, das Herz zum Leben bringen, sich ausdrücken.

Aber Herzensbildung ist nicht nur Gefühlserfahrung als solche, sie ist auch nicht die Menge an solchen Erfahrungen. Herzensbildung ist vielmehr eine bestimmte Art, mit Gefühlen umzugehen. Eine etwas nüchterne, aber notwendige Möglichkeit der Annäherung von Herz und Gefühl bietet uns der Bereich der Emotionsregulierung.

Es kommt also darauf an, Gefühle nicht nur wahrzunehmen, auszudrücken, sondern sie auch zu steuern. Ein intensiv fühlender Mensch kann doch besonnen handeln, wenn er über die Kunst der Selbstregulierung oder Selbstbeherrschung verfügt. Darin liegt kein Widerspruch. Wir müssen nicht jedes Gefühl ausleben. Man ist sogar gut beraten, sich nicht an jedem Auslöser von Ärger sein Mütchen zu kühlen oder sich zu wilden Attacken hinreißen zu lassen. Denn chronische Aggression richtet sich auch leicht gegen denjenigen, von dem sie ausgeht. Es gibt genügend Untersuchungen aus dem Forschungsbereich der »Emotionsregulierung«, die belegen, dass gewohnheitsmäßiges heftiges Ausleben negativer Gefühle zu Fehlkontrolle, Kontrollverlust, Sucht und Gewalt führen kann. Dass nicht jedes Gefühl gleich ausgelebt werden muss, hemmt die Bildung des Herzens nicht, sondern fördert sie. Aber es ist natürlich leicht zu sagen, man könne seine Gefühle einfach beschwichtigen oder abkühlen. Denn es gibt natürlich auch genügend Hinweise vor allem von Seiten der Psychosomatik, die vor einem Herunterschlucken der Gefühle warnen. Wer das zu oft praktiziere, sei eher krebsgefährdet.
Herzensbildung liegt vermutlich in der goldenen Mitte. Impulsive Ausbrüche, die ohnehin leicht aus der Kontrolle geraten, sind sicher genauso schädlich wie heldenhafte Gefühlsbeherrschung und Selbstverleugnung. Wichtig scheint mir die Fähigkeit der Reflexion, die abwägen kann, wann und wie welcher Gefühlsausdruck angebracht ist oder wann eben nicht. Die Theorie der Emotionsregulierung von James Gross (1998/2001) hilft hier weiter. Für ihn ist Emotion nicht ein feststehendes

»Ding«, das man aufgreift und kontrolliert, sondern ihm geht es um den Prozess der Gefühlsproduktion und wie wir auf ihn Einfluss nehmen können. Es gibt zwei Ansatzpunkte, wie die Beziehung zwischen Auslöser eines Gefühls und Reaktion darauf beeinflusst, verändert und reguliert werden kann. Die eine nennt er »Bewertung der auslösenden Situation« und die andere »Modulation« – also Änderung der Reaktion, z. B. aus dem Weg gehen, Gefühle verbergen, auf später verschieben oder unterdrücken. Gross ist aber auf einen Punkt wenig eingegangen, der mir zentral für die Herzensbildung erscheint: die Selbstreflexion.

Wir können zumindest eine gewisse Kontrolle über unsere Emotionen haben, denn sie fluten ja nicht einfach über uns hinweg. Wir können unsere Annahmen und Bewertungen durchdenken und modifizieren – etwa »er hat mich sicher übersehen« statt »er hat etwas gegen mich«. Wir können unsere Aufmerksamkeit kontrollieren und entscheiden, welche Bewertungen wir emotional ins Spiel bringen wollen. Ich behaupte nicht, dass Emotionen völlig unserer Kontrolle unterliegen, auch nicht, dass das wünschenswert wäre. Aber wir können wählen, wann wir uns auf intensive Gefühle einlassen oder eben nicht. Die eigenen Emotionen schätzen bedeutet nicht, von ihnen überwältigt zu werden. Distanz und Reflexion haben auch ihren Ort. Durch selektives Reflektieren formen wir unsere Gefühlswelt.

Blinde Gefühle funktionieren wie ein Rausch, sie garantieren zwar tiefes Erleben, aber mit ihnen lässt sich kein »Staat machen«. Unser Glück ist nicht durch unsere Gefühle determiniert. Gefühle sind oft unberechenbar und geben nicht immer eine zutreffende Auskunft. Wir können durch Reflexion, die ich für zentral für die Herzensbildung halte, in unseren Gefühlen enthaltene Bewertungen einer Situation als einseitig, übertrieben oder grundlos verwerfen. Wir können uns korrigierend zu Gewicht, Ausmaß und Art unserer Gefühle verhalten. Indem wir beispielsweise nicht jeden kleinen Ärger herauslassen. Oder uns eine kleine Auszeit nehmen oder etwas überschlafen, bevor wir reagieren. Wir können also das Votum unserer Gefühle von Fall zu Fall überstimmen, auch wenn es oft schwerfällt – wie beispielsweise bei Ärger, Wut oder Enttäuschung. Schon allein das Wissen, dass wir diesen Gefühlen nicht hilflos ausgeliefert sind, ist ein Kennzeichen von Herzensbildung.

La Traviata oder Fußball?

Die Frage, ob ich lieber Fußball spiele oder La Traviata auf der Bühne erlebe, ist sicher nicht primär eine Sache der Herzensbildung, wohl aber, ob man seine Wut aggressiv auslebt oder lieber konstruktivere Lösungen sucht. Diese Entscheidung hat natürlich wiederum Rückwirkungen auf die Wahl – Fußball oder La Traviata –, wenn ich beispielsweise realisiere, dass aggressives Bolzen auf dem Fußballplatz eher das »Tier in mir« stimuliert, während das Eintauchen in tiefe Gefühle, die für mich stellvertretend auf der Bühne ausgelebt werden, meinen inneren Gefühlsradius erweitert.
Gefühle werden im Lauf eines Lebens durch Bestärkung und Übung im Gehirn gebahnt. Genauso wie aggressive

Gefühle durch Bahnung im Gehirn bestärkt werden, können auch friedfertige, sanfte Gefühle gebahnt werden. Indem man übt, »friedlich« zu sein, auch wenn der Streit lockt. Indem man ruhig Blut behält, auch wenn andere provozieren und sticheln. Indem man Gelassenheit pflegt, weil man erkannt hat, dass zu viel an Unausgeglichenheit und Hektik zu belastend geworden sind. Oder weil man erkannt hat, dass zu häufige Missstimmungen nach einer Neuausrichtung verlangen.

Vielleicht klingt die Maxime Epiktets altmodisch: »Wenn du heftig und in drohender Haltung auf jemanden losgehen willst, dann denke daran, dir zuvor zu sagen, dass du ein friedfertiges Lebewesen bist. Dann wirst du nicht wie ein wildes Tier handeln, sondern leben, ohne etwas zu bereuen oder wiedergutmachen zu müssen.« Es gibt heute zu viele, die mit einer inneren Friedlosigkeit leben – selbst auf dem Boden intimer Liebesbeziehungen. Auch der Psychotherapeut Petzold bestätigt, dass die Krankheitsbilder, die mit Friedlosigkeit einhergehen (Borderline, posttraumatische Belastungsstörung, Gewaltbereitschaft), zunehmen. Beinahe 2.000 Jahre alt ist der Ausspruch Epiktets – und so modern, als hätte ihn ein Therapeut unserer Zeit formuliert.

Die Förderung von Frieden im Herzen von Menschen ist eine zentrale Aufgabe der Herzensbildung. Unsere Sprache sagt es: Frieden muss gestiftet werden. Er entsteht nicht von selbst. Frieden muss man üben. Weil Frieden eine Gemütslage ist, die zu einem Lebensgefühl werden kann, ist die Einübung von friedlichen, sanften Gefühlen wie beispielsweise Heiterkeit, stilles Glück, Zärtlichkeit, Zufriedenheit, Gelassenheit, Behaglichkeit

wesentlich und eine der wichtigsten Herzensübungen. Schon in der Antike (Sokrates, Epikur, Platon, Seneca) waren sie zentrales Ziel der Seelenführung. Obwohl wir wissen, dass das Fehlen dieser Gemütslagen Menschen krank macht, bemängelt Petzold, dass sie auch in therapeutischen Kontexten kaum zur Sprache kommen.
Gefühle konfrontieren uns mit der Frage nach dem anderen. »Es kann der Frömmste nicht in Frieden leben, wenn es dem bösen Nachbarn nicht gefällt«, sagt das bekannte Sprichwort. Zumindest im nahen Bereich können wir üben, was es heißt, friedfertig sein zu wollen, die Bereitschaft aufzubringen, sich an die Stelle des anderen zu denken, sich in ihn hineinzuversetzen. So wie wir mit unserer Aggression auch uns selbst verletzen, so können wir mit Friedfertigkeit im positiven Sinn das werden, was wir sein könn(t)en. Denn Friedfertigkeit beruht letztlich auf einer Einsicht des Herzens: dass uns ungeachtet unserer trennenden Fremdheit etwas verbindet – dass die anderen uns ähnlich sind.
Erziehungsstrategien spielen eine große Rolle bei der Anstiftung zur Friedfertigkeit. Ich spreche nicht von der gewaltfreien Erziehung, die jede Auseinandersetzung vermeidet mit dem Ideal geradezu kosmischer Harmonie zwischen den Menschen, sondern von einem Erziehungsstil, der Konfliktfähigkeit, das Eintreten für sich und andere, Beherztheit, Zivilcourage und die Fähigkeit zur Selbstberuhigung, zur Selbstbeherrschung fördert. Wenn Eltern ihre Kinder durch ihr Vorbild dazu anstiften, dann bieten sie die beste Voraussetzung dafür, dass ihre Kinder sie gern imitieren. Man kann nicht früh genug damit beginnen, Friedfertigkeit zu üben. Aber sicher

nicht durch Schimpfen. Wenn ich als Erziehender mein Kind z. B. als Dummkopf diffamiere, sinkt es für mich und auch für es selbst auf diese Stufe herab. Das schafft nicht nur eine vergiftete Atmosphäre, es unterhöhlt auch die Möglichkeiten friedlicher, einfühlsamer Kommunikation.

Herzensbildung hängt vom Willen und der Bereitschaft ab, »friedlich zu sein«. Inneres Gleichgewicht und Besonnenheit zu bewahren, wenn Außeneinflüsse zu Streit und Ärger führen, bedarf einer klugen Gefühlskompetenz. Was hilft dabei? Die Entscheidung zur Selbstreflexion heißt, die eigenen Motive und Widersprüchlichkeiten zu erkennen. Das Bemühen und der entschiedene Willen, nicht zu verletzen. Die Entscheidung, sich nicht verlieren zu wollen. Die Einsicht: Der andere, das bin auch ich. Die regelmäßige Übung, sich selbst zu beruhigen. Eine geschärfte Selbsteinfühlung und Achtsamkeit, die sich mit Fragen auseinandersetzt: Worum geht es mir? Geht es mir um die Ausmerzung von Unordnung? Oder um die Ablehnung dessen, was sich meinem Weltbild nicht fügt? Oder um die Beseitigung von Ambivalenzen?

Diese Fragen können bei der Einschätzung und affektiven Bewertung von Ereignissen weiterführen. Hinzu kommt das Vorbild anderer, die durch beherrschtes Verhalten ansteckend wirken. Und »last but not least« die eigene Lebenserfahrung, die einen im günstigen Fall milder und maßvoller werden lässt.

Dunkle Herzensgefühle

»Wo viel Licht ist, da ist auch viel Schatten«, lautet ein geflügelter Spruch. Etwas genauer betrachtet heißt das: Helle Herzensgefühle wie Freude, Dankbarkeit, Heiterkeit, Zärtlichkeit, Liebe wären in ihrer Bedeutung gar nicht erfassbar und verständlich ohne den Hintergrund der Herzensgefühle, die das Dunkle, Finstere, Abgründige, Bedrückende einschließen. »Das Gute, dieser Satz steht fest, ist stets das Böse, das man lässt«, so spottete Wilhelm Busch. Zwischen Gegensätzen und Widersprüchen, die unvereinbar und zugleich untrennbar sind, wie Hell und Dunkel – hell kann nicht dunkel sein, aber hell wäre nichts ohne dunkel – bewegen wir uns. Wir alle hegen in unseren Herzen widersprüchliche Gefühle, oft zur selben Zeit und im Hinblick auf dieselbe Person. Unter brennender Liebe kann sich ein Bedürfnis nach Macht verbergen, unter süßer Harmonie getarnter Groll. Gefühle soll man nicht süßlich romantisieren. Menschen bewegen sich in Kontrasten. Dicht neben ihren inneren Perlen liegen auch ihre Abgründe. Weil wir uns orientieren müssen zwischen gut und schlecht, zwischen hell und dunkel, zwischen Ja und Nein, zwischen innen und außen, sind wir überhaupt erst urteils- und differenzierungsfähig.

Zur Herzensbildung gehört, dass wir uns mit diesen Widersprüchen auseinanderzusetzen haben. Unser menschliches Los ist es, in dieses »Dazwischen« gestellt zu sein, das uns aufruft, zu wählen und zu entscheiden. Deswegen brauchen wir ein Wissen um die verschiedenen Gefühlswelten, auch um die fremden, befremdlichen, unvertrauten. Unser Auffassungsvermögen für die verschiedenen Gefühlswelten beruht darauf, dass wir Gefühlsqualitäten nur dann verstehend erfassen können, wenn wir auch die jeweiligen Komplementärerfahrungen kennen. So kann man hoffen, die Gefühlslage anderer besser zu erfassen und auch die eigenen Beweggründe oder Abgründe zu verstehen.

Beginnen wir mit einem einfachen Beispiel: Traurigkeit, die man nicht nur annimmt, sondern sich in sie »hineinkniet«, also wirklich aktiv in sie eintaucht, kann zu einer Projektionsfläche für Hoffnung, Inspiration und Zuneigung werden. Das ist nun sicher nicht so banal zu verstehen, als hätte man für jedes angenehme Gefühl einen Schmerzenspreis zu entrichten. Vielmehr erschließen wir Sensibilität, Empfindungstiefe, Herzenswärme und Verstehenskraft nur dann wirklich, wenn wir auch bereit sind, das Dunkle, Abgründige, Schwere einzubeziehen.

Schwieriger wird es allerdings, wenn Menschen Hass, Wut, Rache oder Bosheit im Herzen tragen. Man braucht nur die Gemälde und Radierungen des spanischen Malers Goya betrachten, es schaudert einen, wie umfassend und abgrundtief Herzensabgründe sein können: in Gesten, Blicken, Mimik. Seine Fratzen und Ungeheuer illustrieren die Hässlichkeit, die aus solchen Abgründen entsteigt und sich in den Gesichtszügen einschreibt. Und solche Fratzen sind auch heute noch gut zu erkennen, man braucht bloß die Gesichter in einer Großstadt zu studieren, um zu erkennen, was Menschen in ihren Herzen tragen. Oder auf ihre Sprache lauschen. Dunkle Herzensgefühle lassen nicht nur körperlich handeln, sie

lassen auch sprechen und verletzen den anderen. Es sind nicht nur die Worte, sondern vor allem der schneidende Tonfall, der hässliche Klang der Stimme – überhaupt die Art und Weise, wie jemand den anderen herabsetzt. Es macht einen hilflos, ratlos. Am liebsten würde man einen großen Bogen schlagen, außer Reichweite gehen. Oder man bringt eben den Mut auf, dagegen anzugehen. Aber meist reagiert man erst einmal ratlos. Warum?
Ich behaupte, nicht wegen unserer Gewöhnung an solche destruktiven Herzensregungen, sondern weil diese für die meisten etwas Ungewohntes sind. Deswegen fällt es uns schwer, selbst in gerechtfertigten Situationen einzugreifen. Eine löbliche Hemmung, die uns durch die Tabuisierung von Verachtung und Gewalt in Fleisch und Blut übergegangen ist. Natürlich betreibe ich hier eine idealtypische Vereinfachung, aber es geht um die Herzensbildung, die dafür sensibilisieren will, das Menschliche vor dem Hintergrund himmelweiter Unterschiede zu erkennen.
Deutet man das »dunkle, harte, böse Herz« als mangelnde Sensibilität für das Leiden, das man bei sich und anderen verursacht, so wird dessen Bedeutung für den Alltag deutlich. Ein böses, hartes Herz ist dann nichts anderes als ein Nichtwahrnehmen der Schmerzen, die man anderen und sich selbst zufügt. Kurzum: ein Mangel an Neugier, Einfühlung und sozialer Phantasie.
Dunkle Herzensgefühle – Zorn oder Hass – befähigen vielleicht kurzfristig zu Überlebensreaktionen, das erkannte schon Charles Darwin. Aber sie sind destruktiv und machen krank, wenn sie anhalten und sich in den Organismus einschreiben. Lange dachte man, das »He-

rauslassen« und Ausleben von Aggressionen wäre befreiend, entlastend und heilsam. Heute, dank der Neurowissenschaften, weiß man, dass sämtliche Gewohnheiten, Gefühle oder Verhaltensweisen neurologisch gebahnt werden, das heißt durch Nervenleitungen zwischen Neuronen verbunden und in »mentalen Landkarten« abgebildet werden. Je nachdem, wie häufig wir ein Verhalten üben, gibt es unterschiedlich breite Verbindungen. Aggressionen, die chronisch ausgelebt werden, gleichen dann einer inneren Autobahn, die immer breiter und befahrener wird und dadurch immer weniger veränderbar. Kurzum: Aggressives Verhalten stärkt die eigene Aggression. »Mit jedem Ausdrücken von Aggression wird das neuronale Aggressionsmuster bekräftigt, nicht etwa besser steuerbar«, gibt Petzold zu bedenken. Man kann gewohnheitsmäßige aggressive Muster an der groben Mimik ablesen und an den eigenen Reaktionen – sie lösen Angst aus. Das harte Herz schafft Abgrenzung und Ausgrenzung. Hier bin ich, dort bist du. Und weil du anders bist, muss ich dir mit Hass, Misstrauen und Verachtung begegnen. Ob dahinter Angst, Minderwertigkeitskomplexe, Feigheit oder Selbstvergewisserung stecken, mag dahingestellt sein. Das dunkle Herz verliert sich an das Verachtete. Der Volksmund bringt es zur Sprache: »Es frisst ihn auf.« Eben deshalb verliert er auch sich selbst, weil er in der Verachtung anderer auch das Verhältnis zu sich selbst zerstört.

Es macht also Sinn, dass Menschen auf ihr Herz hören lernen und seine Begierden nach Hass und Rache »zähmen« lernen, im Sinne des Zähmungsbegriffs bei Saint-Exupéry. In seinem »Der kleine Prinz« heißt zähmen, sich behutsam vertraut machen, das aufmerksame Verstehenlernen. Deshalb gilt es, sich mit den Erscheinungen des dunklen Herzens vertraut zu machen, sich dafür zu sensibilisieren.

Das Wissen um Herzensgefühle ist wesentlich, nicht nur zum Verständnis der eigenen kleinen oder größeren Abgründe, sondern zum Verstehen der anderen und zur Sensibilisierung für die Entschuldigungen und Ausreden von Hartherzigkeiten, die von anderen plausibel gemacht werden sollen. Weil mangelnde Achtung anderen die Selbstachtung und Selbstbestimmung entzieht, ihnen die Luft zum Atmen nimmt, fordert das Postulat der Herzensbildung: die Anerkennung des anderen, die Neugier und das Interesse an seinem Leben. Nicht nur in dem Sinn, dass man sich im anderen wiedererkennt, sondern dass man sich für seine Lebenswelt, die Einzelheiten seiner Lebensweise interessiert. Denn meist sind es die Alltäglichkeiten, die Einzelheiten, die mehr Gemeinsamkeit, mehr »Wir« entdecken lassen. So gesehen hieße Herzensbildung: Einübung der Vorstellungskraft, die auf die Fähigkeit abzielt, andere, fremde Menschen als Leidensgenossen wahrzunehmen. Das ist nur dort möglich, wo Herzensabgründe wahrgenommen werden, wo man weiß, was auf dem Spiel steht, weil es ein Herzenswissen darüber gibt, was es heißt menschlich zu sein. Und weil es viele gibt, die Erfahrungen des Stimmigen in ihren Herzen tragen.

Helle Herzensgefühle

Auch die hellen Herzensgefühle – Freude, Zuversicht, Fröhlichkeit, Dankbarkeit, Heiterkeit – sind Überlebensstrategien. Und heutzutage vielleicht sogar wichtiger und adaptiver als sämtliche Durchsetzungsstrategien. Warum? Weil diese Herzensgefühle uns beflügeln, uns motivieren und leichter machen. Sie sind also alles andere als oberflächliche, plumpe Verzerrungen, sie passen sich den gegenwärtigen Erfordernissen an. Ein Jahrhundert lang waren Intelligenz, Wissen, Eignung und Begabung Schlüsselwörter für Erfolg. Heute aber, meint der US-amerikanische Psychologe Martin Seligman, hat der »Begriff der Begabung ohne den Begriff Optimismus sehr wenig Bedeutung«.

Wie »durchwachsen« das Leben auch sein mag, gerade dann haben die Zuversichtlichen eine Macht auf ihrer Seite, einen Lebensmut, der sie stärker macht als andere. Und letztlich sind es die hellen Herzensgefühle, die uns zu sozialen Wesen machen. Ganz schlicht, weil wir für andere liebenswürdiger sind, wenn wir heiter, zuversichtlich, dankbar sind.

Ein sonniges Gemüt – wozu ist es gut? Es mag einfach klingen: weil es sagt, was gut ist, und weil es gut darin ist, zu entdecken, was gut für uns ist. Kurzum: Es leitet die Wahrnehmung des Guten. Und in einer Welt voller Gefahren und Katastrophen färbt es oft gnädig unseren Blick auf die Realität, damit wir den Lebensmut und unsere Träume nicht verlieren.

Einschätzungen wie »Das werde ich schaffen«, »Ich freue mich über jede Kleinigkeit«, »Ich weiß, dass es gut wird«

stehen in einem verblüffenden Zusammenhang mit Gesundheit, Glück, Lebenserwartung und Herzensbildung. Dem Guten mehr Gewicht geben, das ist auch ein Prinzip der Herzensbildung. Gerade weil das Negative in unserem Leben viel schwerer wiegt. Die Zeitungen leben davon, dass Unglück, Katastrophen, Gewalt, Verbrechen unsere Aufmerksamkeit weit mehr zu fesseln vermögen. Schließlich sind Kontrolle, Misstrauen, Angst und Vorsicht unsere Lebensversicherung. Würden sie uns ständig begleiten, so wäre jeder Tatendrang im Keim erstickt.
Sich gut fühlen ist also nicht nur ein Resultat von günstigen Umständen oder ein Geschenk des Schicksals. Es geht darum, unsere positiven Herzenskräfte zu stärken. Ohne sie würden wir viele Vorhaben erst gar nicht beginnen, wären wir kaum motiviert und schon gar nicht kreativ. »Eine gewisse Selbstüberschätzung hilft, uns weiterzuentwickeln«, meint der Berliner Gesundheitspsychologe Matthias Jerusalem. »Wir mobilisieren all unsere Kräfte und wachsen in das hinein, was wir uns vorgenommen haben.«
Eltern, Lehrer, Priester, Philosophen – sie alle setzen auf die Triebkraft dieser hellen Gefühle. Ohne sie kein Aufstehen am Morgen, kein Aufschwung, kein Aufbruch, kein Aushalten des Ungewissen. Eines wird nämlich häufig übersehen: Unser Herz reagiert zwar auf das, was wir tun und was uns widerfährt: arbeiten, Freunde treffen, Kaffee trinken, lesen, schwimmen, Konzerte hören, kochen. Daneben aber gibt es noch eine andere Bedingung, die darüber entscheidet, ob sich unser Herz weitet: die Art und Weise, wie wir unsere alltäglichen Handlungen und Ereignisse für uns selbst reflektieren, wahrnehmen

und deuten. Wie machtvoll diese hellen Herzenskräfte sind, das zeigt sich vor allem darin: Zuversichtliche können Fehlschläge besser überwinden und aus Erfolgen Kraft schöpfen, weil sie ihre Selbstwirksamkeit höher einschätzen. Hinter diesem Begriff steckt jene Herzensstimme, die uns anspornt: »Das schaffst du!«, »Das kriegst du hin!« Eine Form von Vertrauen, die auf dem Gefühl von eigener Kraft und Kompetenz aufbaut.

Was ist das Geheimnis zuversichtlicher Menschen? Sie geben dem Guten mehr Gewicht. Und das wirkt auf ihr Herz und ihr Leben zurück. Oder anders gesagt: Sie haben ein Bewusstsein der eigenen Freiheit und die Entschlossenheit, sie zum Guten zu nutzen. Zuversicht speist sich aus Erfahrung, meint der Philosoph Peter Sloterdijk. »Wer sie gemacht hat, wird unempfänglich für Theorien, in denen die Depression immer recht hat. Man lebt unter einem helleren Himmel.«

Auf der Suche nach dem Außergewöhnlichen, dem Neuen, dem Kick, vergessen viele, dass das Alltagsleben eine unendliche Aufnahmefähigkeit für unsere Aktivitäten des Erkundens, des Sich-Einlassens, des In-Beziehung-Tretens und des Schaffens birgt, die unsere hellen Kräfte aktivieren. Die allergewöhnlichsten Gegenstände erhalten für ein helles Bewusstsein Überraschungen bereit. Bilder, Geschirr, Möbel, Leuchter, Vasen, Papier, Bücher, Zeitungen, Musik warten geduldig auf uns, wenn wir sie zu uns sprechen lassen. Aber man muss es wollen. Helle Herzensgefühle hängen von uns ab, wie wir der Schwerkraft des Seins etwas entgegensetzen und unsere Chancen nutzen. Helle Herzensgefühle heben uns empor, zu den anderen und zu uns selbst, weil sie uns frei machen von unseren allzu großen Erwartungen. Sie bestärken und beflügeln uns, weil sie wacher machen – nicht nur für die kleinen Momente, Gelegenheiten und Schönheiten, sondern vor allem, weil sie unser Herz offenhalten für das Gute.

Beherztheit

Menschen wollen über sich selbst hinauswachsen. Das ist eine der wichtigsten Botschaften moderner Hirnforschung. Unsere Zuversicht ist störanfällig, unsere Wünsche schaffen Unruhe, Ängste blockieren uns. Aufbrechen und Ankommen, Festhalten und Loslassen – das ist die gewagte Grundstimmung, in der wir unser Leben zubringen. Vertrauen schenken und entziehen, Bindungen abschütteln und nach neuen suchen. Das Wagnis, eigene Wege und Gestaltungen zu finden, ist unvermeidlich und verlockend zugleich. Eine Kette von Wagnissen, so präsentiert sich das Leben nicht nur in der Jugend, sondern auch und immer noch bei zunehmender Erfahrung.
Das Herz äußert sich nicht nur in Herzlichkeit. Es äußert sich auch in Beherztheit. Das heißt in dem Mut, die eigenen Grenzen zu erweitern und zu überspringen. Herzhaftes Ja-Sagen und Nein-Sagen, das ist zweifellos eine Kunst, zu ihr gehört Beherztheit. Diese muss gelernt werden. Nichts stärkt unser Herz mehr als diese schöne Kunst der »Beherztheit«. Beherztheit ist ein treffendes Wort für die Initiativkraft, die wir brauchen, um Herz und Verstand zusammenzuführen, um unseren Willen

und unsere Herzenskraft zu aktivieren – um die Mitte zu finden zwischen Tollkühnheit und Feigheit. Im Gegensatz zur Disziplinierung, die diese Kräfte von außen auferlegt oder eintrichtert, ist Beherztheit die kleine Subversion, die zu eigenen Gedanken führt, die vor allzu viel Anpassung bewahrt. Die uns mit Eigensinnigkeit und Eigenwilligkeit beschenkt und uns die große Subversion erspart: die Herzlosigkeit.

Ohne Beherztheit gibt es kein schöpferisches Denken und Wollen. Beherztheit ist der Mut zum Guten, das zu tun, was ich tun will. Dazu gehören auch die Langmut und die Demut, bei der der Kopf sich freiwillig dem Herzen beugt bis hin zur Anmut, die sich als Schönheit zeigt, die von innen strahlt. Nun kann man natürlich einwenden, dass dieses Wollen auch ein unmoralisches, rücksichtsloses oder arglistiges sein könnte. Allerdings ist das sicher kein Verhalten, auf das man stolz ist oder auf das man liebend hinblicken könnte – also keine freie Handlungsweise, sondern eher etwas, wozu es einen drängt. Man denke an den Paulinischen Satz: »Das Gute, das ich tun will, das tue ich nicht; aber das Böse, das ich nicht tun will, das tue ich.«

Warum sehen wir uns oft in eine unerwünschte Richtung gedrängt und treiben genau auf das zu, was wir eigentlich vermeiden wollen? Es ist vor allem der Mangel an Beherztheit. Ich gebe zu, es ist heute unsicherer geworden, worin das Gute in einer bestimmten Situation besteht. Man kann nicht einfach nur aus dem Bauch mutig sein. Man muss reflektieren, denken, diskutieren, streiten. Man muss seine Ansichten und Meinungen immer wieder infrage stellen, revidieren, sich mit neuen Situationen auseinandersetzen und Standpunkte auch in unbekannten Terrains aufbauen.

Beherztheit könnte man auch als Mut zu sich selbst bezeichnen. Jemand sein, der sich das eigene Denken und Handeln weder verbieten noch vorschreiben lässt. Jemand sein, der sich selbst bleibt, sich durch die eigenen inneren Widerstände hindurchkämpft, um unverführt und unbeherrscht von äußeren Umständen zu bleiben. Mutig sein heißt, sich nicht von anderen sagen zu lassen, was man zu denken und zu fühlen hat. Man beurteilt selbst, wie man sein Leben gestaltet, wie man Kontakt, Begegnung und Beziehung pflegt, wie man sich kleidet, welche Sprachen man lernt, wann man sich wehrt oder innehält, wann man lacht oder weint. Man übernimmt die Verantwortung für sein eigenes Leben – man übernimmt sich selbst. Man erfährt, was es heißt, selbstbestimmt zu sein. Das ist die Kurzformel.

Beherztheit und Herzensbildung gehen Hand in Hand – ein Satz, den ich näher begründen will. Ist es nicht erstaunlich, welche Beherztheit aus den Gesichtern mancher durch Krankheit oder Invalidität schwer geprüfter Menschen strahlt, im Gegensatz zu den finsteren Mienen anderer, die man am Strand oder im Zug beobachtet? Wahrscheinlich hängt es damit zusammen, dass ihr Leben einen ständigen Mut erfordert, einen unaufhörlichen Aufwand an Mut. Je mehr Mut man aufbringt und aufwendet, umso mehr hat man davon. Ähnlich wie mit dem Vertrauen, das auch zur Herzensökonomie gehört. Beide funktionieren nach dem gleichen Prinzip: Je mehr wir sie ausgeben, desto mehr haben wir davon. Was wir dafür zurückbekommen, ist immateriell. Es ist ein inne-

res Vermögen, das uns nicht reicher, sondern besser macht. Beherztheit bessert. Sie gehört zum Kreis der Tugenden, die sich mehren, wenn wir sie verschenken. Beherztheit stärkt unseren Glauben daran, dass es sich lohnt, etwas wegzugeben, wenn dabei Neues entsteht: Herzensweitung.
Beherztheit ist die Voraussetzung für Kreativität. Man wird kaum kreativ, ohne den Mut aufzubringen, für sich selbst zu sprechen und etwas zu gestalten. Die schöpferische Kraft, etwas hervorzubringen, sofern sie nicht durch repressive Methoden abgewürgt oder sich nur noch zerstörerisch äußern kann, muss uns nicht anerzogen oder verliehen werden. Sie schlummert in uns und wartet darauf, freigesetzt zu werden. Wie? Indem man einander Mut vermittelt. Mut kann nicht gepredigt werden. Er teilt sich durch Ansteckung mit. Jeder kann nur so viel Mut weitergeben, wie er selbst hat und lebt. Mut wird durch eigenes Feuer entzündet und angefacht. Nichts ist ansteckender als ein Mut, der von einem Lehrer oder Elternteil ausgeht. Kinder sind darauf angewiesen, genauso wie Lehrlinge von ihren Meistern, Studenten von ihren Professoren.
Warum setzen wir uns nicht durch, gegenüber allen, die uns vertrauenswürdige Leistungen schulden? Warum fangen wir mit den Signalen des Ermutigens nicht einfach auf Verdacht an? Warum fangen wir nicht mit dem Einfachsten an: der Kultur der aufmerksamen Blicke, der warmen Hände, der ermutigenden Gesten, der stärkenden Sätze: Du kannst dir vertrauen! Probiere es einfach einmal! Wie kann ich dich unterstützen? Kann ich etwas für dich tun? Wir alle brauchen Ermutigung. Jeder

will das und jeder will, dass der andere damit anfängt. Und keiner fängt an.

Haben wir es geübt – einander zu ermutigen? Oder haben wir mehr von den Lektionen gelernt, die da heißen, man müsse sich zurücknehmen, sich heraushalten? Haben Sie je ein Kind ermutigt? »Warum sollte ich?«, werden manche antworten. Wir wurden ja auch nicht ermutigt. Wir ahnen nicht, dass gerade das die wichtigsten Übungen im Land des Herzens sind: einem Einsamen oder Schwerkranken Verständnis für sein Leiden zeigen, um ihn zu ermutigen. Oder jemanden um Verzeihung bitten für eine Ungerechtigkeit, die man ihm angetan hat. Oder sich einmal etwas länger mit einem Kind beschäftigen.

Hier ein beredtes Zeugnis dafür: »Ich denke noch heute daran, wie mein Musiklehrer mich, als ich ungefähr 14 Jahre alt war, zum Essen einlud. Zum Nachtisch gab es Kirschen, die wir vom Balkon herunterspuckten. Zunächst fand ich es einfach nur spaßig, aber alles hat sich für mich seit jenem Tag verändert. Es war nicht nur sein ungewöhnliches Verhalten, sondern vor allem sein ganz persönliches Interesse an mir, das mich erschüttert und ermutigt hat. Ich habe gespürt, dass ich für ihn nicht nur ein Schüler bin, sondern eine Person war. Von da an, wusste ich, dass ich auch einmal unterrichten werde.«

Es sind diese kleinen, aber bedeutsamen persönlichen Gesten, die anstecken. Dieses kleine »Mehr«, das einen großen Unterschied macht.

Verlässlichkeit

Ich frage Kinder: Woran erkennt man, dass jemand das Herz am rechten Fleck hat? Ihre Antworten lauten immer ähnlich: »Dass er tut, was er sagt. Dass er hält, was er verspricht. Dass er da ist, wenn ich ihn brauche.« Haben Sie schon einmal um das Vertrauen eines Kindes geworben? Es ist eine fundamentale Übung in Verlässlichkeit, Zuverlässigkeit und Vertrauen. Das heißt die Macht, die wir als Erwachsene haben, in Schutz zu verwandeln. Wie gelingt dies? Indem wir auf Augenhöhe gehen. Vielleicht begreifen wir bei diesem Blick auf Augenhöhe, wie wichtig es ist, dass das Kind sich auf gleicher Höhe angeschaut und beachtet weiß, weil es nämlich verloren wäre, wenn es niemandem vertrauen könnte. Dabei geht es keineswegs um die Beseitigung von Verschiedenheit, sondern um deren wache, genussvolle Bestätigung. Verlässlichkeit wie auch Vertrauen leben von der Verschiedenheit. Beide wissen darum: Vertrauensprogramme werden von Anfang an in das kindliche Gehirn eingeschrieben, geprüft, erprobt und bekräftigt. Kinder fragen unablässig: Tust du, was du sagst? Kann ich mich auf dich verlassen? Ich will vertrauen, aber ich muss sehen, was du machst. Hältst du deine Versprechen? Sagst du die Wahrheit? Bist du für mich da?
Sich aufeinander verlassen, zuverlässig sein, das sind wesentliche Ingredienzen der Herzensbildung. Wie gewinnt ein Lehrer das Vertrauen seiner Schüler? Eltern das Vertrauen ihrer Kinder? Meister das Vertrauen ihrer Lehrlinge? Die Überlegenheit durch Alter, Erfahrung, Beruf und Rolle reichen nicht aus. Der Quantensprung von

der erwachsenen Macht zur Ansteckung der Kinder geht nur über den Vorschuss, der durch das Vertrauen geschenkt wird. Wir müssen die Kinder gewinnen, indem wir Erwachsenen den ersten Schritt tun: Wir schenken ihnen Vertrauen. Der Stärkere gibt dem Schwächeren eindeutige Zeichen seines Vertrauens. Anders kann es nicht gelingen, Zutrauen zu wecken, zu festigen und zu halten. Vertrauen wie Mut leben von der Ansteckung. Das heißt: Die Stärkeren machen den Anfang.

Aus der Forschung wissen wir, dass Vertrauen nicht nur wärmt, motiviert, anspornt und stärkt, sondern dass die Ausrichtung des Vertrauens, das wir unseren Schützlingen geben, ihnen die Richtung zeigt, in die sie sich bewegen, verändern und entwickeln können. Natürlich ist Vertrauen immer auch ein Wagnis. Jeder kennt genügend Beispiele, die belegen können, wie leicht Vertrauen enttäuscht werden oder scheitern kann. Dennoch leben beide Seiten besser, wenn man dieses Risiko mit einbezieht. Es lohnt sich, sich in der Welt des Vertrauens einzurichten, die Welt des Misstrauens ist eine andere Welt. Sie ist um vieles ärmer, enger und herzloser. Jedenfalls weiß sich die Wirkung des Zutrauens, auch wenn es mitunter enttäuscht wird, um ein Vielfaches überlegen. Insofern rechtfertigt das Vertrauen, das der Überlegene schenkt, dieses Risiko auf jeden Fall.

Junge Menschen sagen: »So will ich sein. Das will ich werden.« Gestaltungslust, Zukunftsfreude und Leistungswillen suchen sich so ihre Ausrichtung. Die Freude am Wettbewerb braucht Vorbilder, die möglichst kühn und hoch platziert sein müssen, damit an ihnen die Kräfte wachsen können. Der Hirnforscher Gerald Hüther erzählte ein schönes Beispiel aus der Hundewelt: Man gab Welpen verschieden weit geöffnete Schnuller zum Saugen an der Mutterbrust. Die Frage lautete: Was macht einen guten Hund aus? Fazit: Wer den engsten Schnuller hatte, also wer sich am meisten anstrengen musste – entwickelte sich zum überlebensfähigen, guten Hund.

Auf uns angewandt: Wer hat die besten Lebenschancen, wagt sich in die Welt hinaus? Wer starke, tragende Wurzeln hat. Wer das Glück hatte, vertrauensvolle, stabile Beziehungen zu seinen Eltern aufzubauen. Was von alledem, was ich sein könnte, möchte ich sein? Wie möchte ich sein? Wo sind meine Grenzen, oder wo kann ich die wegräumen, die andere mir setzen? Diese Fragen steigern den Lebensappetit, wenn das Selbstvertrauen trägt. Kinder zweigen ihr Selbstvertrauen aus der Vertrauensbeziehung zu ihren liebsten Menschen ab. Wenn sie sicher sind, dass die vertrauten Erwachsenen wirklich vertrauenswürdig sind, dann bauen sie Vertrauensüberschüsse auf, die zu Selbstvertrauen führen. Sie wagen die logische Ableitung: Wenn ich für meine Eltern so viel wert bin, dass sie mich nicht enttäuschen wollen, dann darf ich mir auch selbst genauso viel wert sein. Selbstvertrauen braucht den Wurzelgrund im Vertrauen anderer zu uns.

Vertrauen ist immer ein Appell: »Enttäusch mich nicht!« Es beginnt zwar ohne Beweise, aber es fordert sie heraus. Eigentlich darf man ja streng genommen nicht vertrauen, weil der Ausgang immer ungewiss ist. Unsicherheit gehört zum Vertrauen. Es fehlen uns Beweise und wir schließen die Lücke durch Vertrauen. Das Risiko gehört dazu. Deutlicher gesagt: Es ist eine Entscheidung, ein virtuelles Wagniskapital. Vertrauen macht verwundbar, nicht nur weil man enttäuscht werden kann, sondern weil man auf Kontrolle verzichtet. Wir brauchen bloß an unsere Freundschaftsbeziehungen zu denken. Wir leben vom Vertrauen unserer Freunde oft über Jahre wie eine Selbstverständlichkeit, und plötzlich brechen wir in einem harmlosen Gespräch ein und der Kampf zwischen Vertrauen und Misstrauen beginnt. Wir spüren, dass das Misstrauen schon länger auf der Lauer gelegen hat, und plötzlich finden wir unsere Vermutung bestätigt. Vertrauen ist zerbrechlich. Vertrauen braucht Pflege und Schutz. Wer es strapaziert, lebt gefährlich. Gerade wegen seiner Verletzbarkeit ist es so überaus wertvoll. Wenn es geschenkt wird, wächst auf seinem Boden das, was wir alle gleichermaßen brauchen: Geborgenheit. Geborgenheit und Aufgehobensein aber sind der Humus für Herzensbildung.

Erfüllter Augenblick

»Niemals lernst du etwas von dem Satz, den du von außen bekommst, du lernst es immer nur von innen.« Mit diesem weisen Satz von Augustinus (»Über den Lehrer«) möchte ich mich dem Herzen von einer anderen Seite nähern. Man lernt immer nur von innen! Was bedeutet das? Zugang zu diesem Lernen von innen scheint mir für die Herzensbildung fundamental. Zum einen tritt durch das Lernen das eigene gegenwärtige Leben und Fühlen in den Vordergrund. Man lernt im Horizont der eigenen Fähigkeiten und Grenzen. Und dadurch erhält man Zugang zu den eigenen Möglichkeiten, statt fremdbestimmt zu sein. Zum anderen ist das Lernen von innen ein wichtiges Gegenmittel gegen die Zeiterscheinungen wie Konsumverhalten, Stress und Überforderung.

Ich stelle die These auf, dass die Dimension des Spiels unabdingbar zu diesem Lernen von innen gehört. Gelang sie den Griechen noch auf vortreffliche Weise, so ist sie uns weitgehend abhandengekommen. Sie wieder zu erlangen scheint mir eine notwendige Voraussetzung, die die Bildungsarbeit an uns selbst erleichtert. Das Spiel vermittelt nämlich sozusagen spielerisch, dass einem niemand die Arbeit abnehmen kann, an sich selbst zu arbeiten. Ich spreche hier nicht nur vom Spielen nach Spielregeln, sondern vom spielerischen Handeln überhaupt. Also vom spielerischen, nicht festgelegten Zugang zur Welt, der von der Ungewissheit seiner Verläufe lebt. Denn der Mensch »ist nur da ganz Mensch, wo er spielt« (Schiller). Spielen heißt: Sich-Einlassen, Involviertsein, Sich-Verausgaben. Wer spielt, bewegt sich. Und wer sich bewegt, ist auch emotional bewegt oder lässt sich im buchstäblichen oder übertragenen Sinn bewegen. Wir sind nur dann ganz bei uns selbst, wenn wir uns bewegen oder bewegen lassen.

Hier komme ich wieder auf das Spielen. Im Spiel sind wir in einem Ausnahmezustand, der sich heraushebt aus den sonstigen Zwecken und Anforderungen des Alltags. Wir sind auf eine besondere Weise gegenwärtig, angeregt, engagiert, enthoben von Zwängen, Pflichten und Verbindlichkeiten. Dafür sind wir in einem freiwillig gewählten Spielraum, der die Möglichkeiten für Überraschungen, Herausforderungen, Lernerfahrungen bietet.

Hierzu Martin Seel (1995): »Spielen ist eine freiwillige Auseinandersetzung mit einer auf begrenzte Zeit verwandelten Situation der Welt.«

Man braucht nur Kinder zu beobachten, wenn sie Schaffner, Astronauten oder wilde Tiger spielen. Ihre Hingabe, ihr glühender Eifer, diese Spannung, als ginge es hier um alles. Sie sind ganz bei sich, weil sie sich an eine Gegenwart verausgaben. Und diese erfüllte Gegenwart verwandelt sie. Man kann es sogar sehen, ihre Augen glänzen, ihre Wangen leuchten. Sie sind ganz da. Das ist es, was ich unter gesteigerter Gegenwart verstehe.

Warum ist dieses Erleben so wichtig? Die Fähigkeit, sich zu verausgaben, Hingabe zu mobilisieren, macht entspannt und offen für Informationen aller Art. Spielen erweitert unser Repertoire des Denkens und Handelns. Im Gegensatz zu negativen Emotionen, die unseren Blick einengen, unser Denken auf vorgegebene Lösungen fixieren und uns zu reflexartigen, antrainierten Reaktionen veranlassen.

Es braucht wohl nicht viel weiterer Worte, um zu zeigen, dass Spielen etwas Gutes ist. Denn je stärker der Zusammenhang zwischen Selbstgestaltung und Weltgestaltung zum konkreten, gegenwärtigen Erlebnis wird, das mit dem eigenen inneren Feuer durchdrungen ist, desto willenskräftiger im Sinn von »beherzter« werden sich Menschen auch dem Konsum und den schnellen Verführungen der Zeit entgegenstellen können. Durch das Spielen erkennen wir nämlich, dass es einen großen Zwischenraum gibt, in dem wir gestalten, hantieren und uns bewegen können. Durch das Spielen erhalten wir Spielraum.

Meine Frage nun lautet erneut: Inwiefern ist das Spielenkönnen ein wesentlicher Bestandteil der Herzensbildung? Spielen ist eine der wichtigsten Formen, in denen wir die Offenheit und Präsenz für erfüllte Augenblicke erwerben, üben und praktizieren können. Spielen bringt uns in die erlebte Gegenwart, in einen Spielraum von Möglichkeiten, den wir uns selbst zum Raum eigener Wirklichkeit machen. Befreit von äußeren Zweckmäßigkeiten, setzen wir uns selbst Grenzen, Regeln, Herausforderungen. Wir bewegen uns im selbst gesetzten oder mit anderen vereinbarten Spielraum. Man kann allein oder mit anderen, privat oder öffentlich, in der Schule oder im Beruf spielen. Das Spiel kann zugleich auch Arbeit sein. Aber immer geht es darum, dass wir im Spiel etwas erleben, das uns am Herzen liegt und uns unserem Herzen näherbringt: die Offenheit für den erfüllten Augenblick.

Maslow sagte voraus, dass die Frustration der Bedürfnisse nach Hingabe und Verausgabung zu einer Pathologie führen würde mit den Symptomen Langeweile, Materialismus, Überdruss, Zynismus, Sinnlosigkeit. Eine klinische Beobachtung kann diese Vorhersage bestätigen. Aus der Erfahrung meiner Praxis füge ich noch hinzu, dass die Zunahme depressiver Verstimmungen in engem Zusammenhang mit der ausschließlichen Orientierung an externen Zwecken zu sehen ist. Immer wieder höre ich die Antwort: »Ich werde gelebt.«, »Ich funktioniere.« oder »Bisher habe ich noch nicht gelebt.«

So ist die Fähigkeit spielen zu können, auch ein Zeichen und die Voraussetzung für eine grundsätzliche Aufgeschlossenheit dem Leben gegenüber, die ich als Grundlage der Herzensbildung sehe. Aufgeschlossenheit ist ein Gradmesser für Bildung. Je gebildeter jemand ist, desto empfänglicher und offener ist er für die Möglichkeiten des Augenblicks, desto eher kann er die Geschenke des Augenblicks annehmen. Wenn ich sage, diese Aufgeschlossenheit sei für die Herzensbildung grundlegend, so ist das Spielen eine besonders geeignete Form, sich der Herzensbildung sozusagen spielerisch anzunähern.

Eigene Fährten

»Es ist eine Angelegenheit von Leben und Tod für jede Gesellschaft, ob sie genügend Chancen zur Ausbildung schöpferischer Fähigkeiten gibt«, schrieb Arnold Toynbee, ein besonnener amerikanischer Historiker, der eigentlich eher zur Untertreibung neigte. Und was ist heute? Es wird ja viel über Kreativität gesprochen, ein Zeichen, dass wir auf dem besten Weg sind, sie zu verlieren. Jedenfalls hat Kreativität mit der Fähigkeit zu tun, aus etwas Vorhandenem etwas Neues, Stimmiges zu gestalten. Natürlich gibt es viele, die Gedichte schreiben, Blümchen stecken, musizieren und malen, aber wenn die Wohnungen und Herzen dennoch kalt bleiben, wenn diese Tätigkeiten nur Selbstzweck sind, bleiben sie merkwürdig folgenlos. Das heißt, wenn kreatives Tun sich nicht auf den Alltag überträgt, fehlt etwas Entscheidendes. »Ziel der schöpferischen Tätigkeit ist es, das man sich selbst gibt«, so schreibt Boris Pasternak. Sich selbst zu geben, mit anderen Worten »sich ausdrücken«, heißt also, nicht nur mechanisch etwas tun, sondern sich selbst zeigen, an sich selbst arbeiten. Insofern ist Kreativität eigentlich etwas Selbstverständliches, oder sie ist es eben nicht.

Wir sind dabei, die Kreativität in die Freizeit zu verbannen oder an Einzelne, Auserwählte oder Selbstberufene zu delegieren. Und in der Schule werden die sogenannten musischen Fächer als Erholungsinseln zwischen die Leistungsfächer eingepfercht. Eine der wichtigsten Ausdrucksmöglichkeiten des Menschen, die Musik, ist zur Musikberieselung systematisch verramscht worden. Folge davon: Unsere Ausdrucksfähigkeit ist gefährdet. Es gibt aber keine Rechtfertigung dafür, dass man Menschen ihr Recht auf Ausdruck antastet, dass man ihr Recht, sich auszudrücken, auf Inseln verbannt. Eigener Ausdruck lässt sich nicht an andere delegieren, genauso wenig wie man andere für sich lachen oder weinen lassen kann. Selbst in den dunkelsten Epochen der Geschichte bewahrten Menschen ihre Fähigkeit, sich musikalisch auszudrücken. Oft war es das einzige Ausdrucksmittel, das nicht kontrollierbar war.

Herzensbildung beginnt damit, überhaupt merken zu dürfen, dass eine mechanische, musikalische Berieselung die Sinne abstumpft und narkotisiert. Dass kalte Streicheleinheiten uns unempfindlich machen für wirkliche Zärtlichkeit, die man eben nicht auf Knopfdruck bekommt. Dies setzt neben der Einsicht in die Gefahren mechanischer Berieselung vor allem eines voraus: Eigensinn. Vermutlich sind das gedankenlose Hinnehmen, das Überhandnehmen der Abhängigkeit von Kopfhörern, Lärm und die Abnahme kommunikativer Sensibilität sogar eine der beabsichtigten Folgen des Berieselungskonsums.

Wie könnte es gelingen, sich gegen das zur Wehr zu setzen, was einem diese Fähigkeit raubt? Musiklehrer haben dagegen die Ideologie des Selbermusizierens gesetzt, so als könne man die Welt einteilen in eine heile aktive Seite und eine heillose passive Seite, die es preiszugeben gilt. Zweifellos ist das eigene Musizieren ein Königsweg zur Musik. Doch die Grenze verläuft nicht zwischen aktiv und passiv, sondern in der Haltung, wie Musik gehört und gespielt wird. Jemand, der nur mechanisch ein Musikstück runterspielt, hat genauso wenig Chancen, etwas zu erleben und zu erfahren, wie jemand, der Musik einfach konsumiert. Jemand, der aktiv zuhört, kann mindestens ebenso viel erleben wie jemand, der selbst spielt.

Die Vielfalt der Medienlandschaft müsste kein Fluch sein, wenn wir ihre Karten lesen lernten. Bedenkt man, wie viel Reichtum Tag und Nacht in diesen unbegrenzten Kanälen ruht, ohne dass wir ihn entdecken, so liegt es an uns, ob wir diesen Verführern erliegen oder eben Eigensinn entwickeln, um uns auf Schatzsuche zu begeben. Schätze aber finden wir nicht nur auf ausgetretenen Sendepfaden und Kanälen, sondern gerade abseits, in den Querverbindungen, den großen und kleinen Produzenten von Tonträgern, auf ausgefallenen CDs, im antiquarischen Handel.

Entscheidend ist, was wir uns bieten und gefallen lassen. Wie wir selbst dafür sorgen, uns im Mediendschungel zurechtzufinden, selbst wählen und eigene Entscheidungen zu treffen lernen. Wie wir selbst für störungsfreie Zonen sorgen und uns Orte unberieselter Existenz leisten. Und wie wir aufeinander Rücksicht nehmen und uns auf gemeinsame Bedürfnisse einigen. Es beginnt damit, dass wir uns um uns selbst kümmern: Wie stärke ich mein Abwehrsystem, meine Immunpower, wie lerne ich, klaren Sinnes zu unterscheiden, was meine Seele stärkt? Wie wehre ich mich, wenn ich mich gestört fühle? Und das wäre ein erster Schritt, etwas für seine Persönlichkeitsentfaltung zu tun: sich vom Angepassten zum Emanzipierten zu bewegen.

Eigentlich ist es einfach, vielleicht zu einfach und damit schon wieder schwierig. Man muss sich im Grunde nur auf ein Wort besinnen: »Nein Danke.« Dann muss man nicht ewig auf den vorgegebenen, einlullenden Berieselungsbahnen an sich selbst vorbeifahren. Wir können nach eigenen Fährten Ausschau halten, innehalten, rasten, hinhören, selbst ausprobieren, Töne suchen, Töne jagen, selbst Hand anlegen. Das ist ein Angebot, das jeder für sich selbst beantworten kann, und auch die Nachfrage: Warum sollten wir es eigentlich nicht?

Ist das Wesentliche wirklich unsichtbar?

»Man sieht nur mit dem Herzen gut, das Wesentliche ist für die Augen unsichtbar«, heißt es im »Kleinen Prinzen«. Wie viele Besinnungsaufsätze und Poesiealben schmücken sich mit diesem Satz. Man ahnt, was gemeint ist. Nur die Liebe macht wirklich sehend. Ist das wirklich so? Macht die Liebe nicht mitunter auch blind? Können nicht auch Neid, Eifersucht, Misstrauen, Hass zu einer beträchtlichen Scharfsinnigkeit oder Scharfeinstellung führen? Wahrscheinlich stimmt beides.

Deswegen schlage ich eine nüchternere Sichtweise vor, eine, die auf Heraklit zurückgeht. Bei ihm ist das Wesen der Dinge nichts Festes, Statisches, sondern Prozess und Ergebnis innerer Widersprüche und Unterschiedlichkeiten. Das Wesen der Dinge hat die Angewohnheit, sich zu verbergen, so Heraklits Behauptung. Das heißt, das Wesentliche ist keine zweite Schicht unter der Oberfläche, sondern das, was die Erscheinungen überhaupt hervorbringt – ihr Bauplan sozusagen. So gesehen ist Heraklit einer, der die Dinge durchschauen, analysieren und verstehen will.

Was heißt das für uns? Man muss die Dinge erkunden, ihre Aspekte erfassen, sie nicht so nehmen, wie sie sind, und auch nichts in sie hinein deuten, sondern genauer hinschauen, hinspüren. Verstehen erfüllt diese Funktion, die man – in Paraphrasierung von Saint-Exupérys Herzenssatz – so ausdrücken könnte: Man sieht das Wesentliche nur, wenn man sorgfältig hinschaut und sich damit auseinandersetzt. Etwas wirklich verstehen heißt, es in seiner Tiefe ausleuchten. Das Gegenteil von tief ist oberflächlich. Ich will sagen: Herzensbildung heißt, die Dinge verstehen wollen. Man sieht das Wesentliche nur in der Auseinandersetzung mit den Dingen. Und das heißt auch: Man erstattet ihnen ihr Recht auf Vieldeutigkeit zurück.

Worauf wir unser Verstehen und unsere Wachsamkeit einstellen, offenbart unsere Persönlichkeit und formt sie. Wie viele Wachsamkeitsbereiche kann ein Mensch haben? Kann er gleichzeitig wachsam sein für Politik, für den Frieden in der Welt, für seine Freunde, seine Kinder, seine Beschäftigungen, seine Vergnügungen, seinen Garten? Wahrscheinlich ist unsere Kapazität eher begrenzt, aber sie wird größtenteils von unseren eigenen Erkundungen und den Antworten der anderen gespeist, die uns im Laufe des Lebens begegnen. Mit einer offenen Einstellung lässt sich alles erkunden. Man wagt sich hinaus, um neuartige Ideen, Ereignisse, Techniken, Landschaften, Sprachen kennenzulernen. Das geschieht dann ohne Angst, wenn man von einer Heimatbasis ausgeht, von einem Zuhause, einem sicheren Ort der Geborgenheit, zu dem man jederzeit zurückkehren kann. Dies erklärt auch, weshalb manche Menschen es schwer haben, sich Neuem, Neuartigem zuzuwenden, weil ihnen die Heimatbasis, etwas, worauf sie sich verlassen, woran sie sich orientieren können, wo sie immer wieder zurückkehren können, gefehlt hat. Eine Klientin nannte es: »Einen sicheren Hafen haben, in dem man immer wieder vor Anker gehen kann.«

Selbst wenn es schon frühe Erfahrungen der Unsicherheit und Unberechenbarkeit gab, die Neugier und Offenheit verschüttet haben, hilft allein diese Einsicht, Schritte in Richtung Neues zu tun. Auch als Erwachsene und Alte können wir Suchende werden, uns auf den Weg machen, uns selbst aufbrechen und zugänglich werden. Wegbegleiter und Motor dieser Suche zu einem erfühlten und erfüllten Leben liegen schon im Willen dazu. Seneca betont immer wieder die Kraft des Willens: »Der Sieg über Widrigkeiten und Hindernisse ist oft nur eine Frage des rechten Wollens.« Und an anderer Stelle: »Ein großer Teil des inneren wie des äußeren Fortschritts liegt schon im Willen dazu.« Das können wir nur, wenn wir uns dazu entscheiden, unsere Aufmerksamkeit darauf einzustellen, schöpferisch zu sein. Man kann nicht alles erkunden, aber man kann sich auf neues Territorium begeben, und man kann das erkunden, worauf es sich lohnt, einzugehen und zu antworten. Antworten ist mehr als nur reagieren. Eine Reaktion ist wie ein Knopfdruck. Man reagiert auf einen kleinen Ausschnitt reflexhaft oder stereotyp. Antworten hingegen heißt, sich auf eine Situation einlassen, Beziehung aufnehmen und sich verwandeln lassen. Das Bild, das sich einstellt: eine Spirale. Erkunden, sich einlassen und sich verwandeln lassen und wieder von Neuem an diese Tätigkeit herangehen. Als nunmehr andere tun wir sie anders. Worauf es ankommt, ist, dass wir in der Spirale bleiben. Es geht darum, im Wald den Blick auf die einzelnen Bäume nicht zu verlieren, aber auch vor lauter Bäumen den Wald nicht zu vergessen!

IV. Kontinente
   der Herzensbildung

Übergangsräume

Was geschieht in uns, wo befinden wir uns, wenn wir ein Cellokonzert hören, eine Sandburg bauen, das Schimmern eines Roséweines genießen, die Musik eines fallenden Regentropfens hören oder beim Waldlauf tagträumen? In der Welt der Gefühle? In der Welt des konkreten Verhaltens und Handelns? Weder noch. Wir befinden uns in einer eigenartigen Welt zwischen innen und außen, in der sich Realität und Phantasie, Wirklichkeit und Illusion miteinander vermischen. Musiker nennen diesen Bereich gern – voreilig oder nicht – eine bessere Welt.

Im heutigen gesellschaftlichen Kontext ist dieser Erfahrungsbereich in seiner individuellen wie seiner sozialen Dimension zu einer gefährdeten und infrage gestellten Erlebensform geworden. Menschen werden täglich bombardiert mit fiktiven, unüberschaubaren Wunschwelten. Ihnen werden immer mehr Erfahrungsmöglichkeiten genommen durch die Mühelosigkeit und die Künstlichkeit der Angebote, die die Phantasie verengen und die Gefühle veröden lassen. Die Wiedergewinnung der Vorstellungskraft scheint heute – auch nach Erkenntnissen der Kreativitätsforschung – am ehesten dort zu beginnen, wo man sich einem solchen Überangebot mit einer Haltung kritischer Distanz verweigert.

Warum brauchen wir den Sinn für das Spielerische, die eigenständige Phantasiewelt, die kreative Wahrnehmung? Warum ist das, was Menschen an Nützlichem und Produktivem tun, nicht schon alles? Der allzu straffe Zügel des Nützlichen verhindert gerade die Neugier und die

Wahrnehmung, die einen Kontrast zum eindimensionalen Produktions- und Konsumzwang bilden könnten. Kreative Wahrnehmung ist Parteinahme für eine Erlebensdimension des ganz »Anderen«, des Nicht-Käuflichen, des Nicht-Greifbaren, dessen, was uns fehlt, wenn wir alles haben. Sie erlaubt nicht nur, sich »auszudrücken« – das versteht sich von selbst –, sondern überhaupt zu existieren, etwas zu sein und zu werden, das nicht bloß effizient oder virtuell ist – ein Stück gelebte Menschlichkeit. »Ich brauche das Gefühl, dass mein Leben vollständig bleibt. Ich mag es nicht zulassen, dass dieser wichtige Bereich herausbricht. Da sind Sachen drin, die würden Erfolgsmenschen banal nennen – Krokusse wachsen sehen, am Strand laufen, Gedichte schreiben, am Klavier träumen. Ich ertrage die Großstadt nur, weil ich angeknüpft bin an dieses ›Andere‹, das mich stark macht. Wenn ich dann in einer Männerrunde sitze, wo lauter verarmte Leute sitzen, die sich mit Nikotin vollpumpen, dann weiß ich plötzlich, in mir ist so viel.« So die Beschreibung einer Unternehmensberaterin, die sich nicht zum Opfer ständigen »Müssens« macht, sondern Freiräume für ihre sogenannte andere Welt geschaffen hat. Eine Welt, in der gespielt und geträumt wird, ist eine menschliche Welt. Vom ständigen Druck, innere und äußere Realität in Beziehung zu setzen, können sich Menschen durch diesen nicht infrage gestellten Erfahrungsbereich befreien und entlasten. Hier sind sie Schöpfer ihrer eigenen persönlichen Sinnstiftungen. Sie verfügen über einen »Ruheplatz« oder eine Pufferzone, die zeitweise das Gefühl für das innere und äußere Getrenntsein verwischen und abmildern kann.

Charakteristikum solcher Übergangserfahrungen ist ihre Möglichkeit, dem Menschen die Grenzen der Dualismen, in denen er existiert, durchlässig zu machen: die vom Ich und der Welt, die von innen und außen. Solche zeitweise Verflüssigung oder Auflösung von Grenzen und Trennungen ist das Rohmaterial des Übergangsraumes, mit dem jeder Mensch seinen Vorlieben entsprechend umgeht. So beschreibt eine Theatergruppe, die gerade ein Stück probte, wie sie ohne Bemühungen plötzlich ins freie Spielen gerieten. Den Reiz dieser natürlichen Anmut beschrieben sie mit: »Es spielte uns.«, »Wir waren plötzlich in einem Raum jenseits von falsch und richtig ... Vergangenheit, Gegenwart und Zukunft verschmolzen miteinander.« Kennzeichen ihrer Erfahrung war der veränderte Zeitsinn, das Lebensgefühl, wenn man die Zeit »vergisst«, wenn diese weiter wird und sich ausdehnt. Solche Augenblicke kommen meist unerwartet, vor allem dann, wenn man sich auf eine bestimmte Aufgabe konzentriert oder in eine wohltuende Entspannung hineingeht.

Menschen ist in solchen Übergangsräumen ein Spiegel gegeben, in dem sie sich selbst, ihr Leben und anderes betrachten und dadurch ihr Selbstgefühl festigen können. Übergangsräume verwandeln den Abstand zwischen innen und außen in einen Raum der Verständigung und dienen damit der Überbrückung und Verarbeitung der alle Lebensbereiche durchziehenden und als Möglichkeit stets gegenwärtigen Erfahrung von Trennung und Alleinsein.

Die Erlebnisweisen dieses Übergangsraumes sind bei den einzelnen Menschen äußerst verschieden, weil sie letztlich von Erfahrungen abhängen, die Vertrauen schaffen.

Die Ausprägung dieses Übergangsraumes kann im Einzelfall äußerst karg oder sehr reichhaltig sein. Sie hängt in jedem Fall davon ab, wie vertrauensvoll und sorglos man sich als Kind dem selbstverlorenen Spiel hingeben konnte.

Kindliche Kreativität und schöpferisches Vermögen des Menschen überhaupt können also nicht isoliert gesehen werden. Sie hängen an der Voraussetzung zur Fähigkeit des Alleinseins, die ihrerseits wiederum am ehesten durch ein elementares Vertrauen in die »einbindende Kultur«, die »fördernde Umwelt« zustande kommen kann. Von hier aus ergeben sich weitreichende Folgen für den Zusammenhang von Kreativität und haltender Umgebung. Nicht nur Kinder, auch Erwachsene bedürfen besonders in Übergangs- und Krisen- oder Schwellensituationen der Rückversicherung und der bestätigenden Resonanz seitens der Umwelt. Auch sie sind zur Erhaltung und zum Schutz ihres Selbst darauf angewiesen, dass ihre kreativen Gesten in selbststärkender Weise gespiegelt werden. In solcher Weise hilfreiche Hände, wachsame Augen und offene Ohren eröffnen Übergangsräume, in denen Selbstfindung immer wieder neu gelingen kann. Eine Studentin beschreibt, wie sie sich »wieder ganz machte«, als ihr Nachbarn nach einem Wohnungsbrand ein Klavier zur Verfügung stellten, bei dem sie immer wieder Zuflucht suchte. »Es war wie ein heiliger Raum ... etwas, das mir niemand nehmen konnte. Eine Insel, wo ich geschützt und ganz nahe bei mir war.«

Dieser kreative Erfahrungsbereich ist sowohl in seinen Anfängen als auch im späteren Leben ein fragiler, verletzbarer, symbolischer Raum. Konnte er sich ungestört entwickeln, so hinterlässt er in Menschen eine Spur, die danach ruft, immer wieder neu aufgenommen, belebt und wiedergefunden zu werden. »Es ist nicht nur dieses Gleichgewicht von Verstand und Gefühl, sondern es erhält mich auch gesund, nicht nur weil ich spüre, wann ich mal wieder aussteigen muss, sondern weil ich darauf angewiesen bin, mich immer wieder meiner selbst zu vergewissern.«, so die Erfahrung einer Lehrerin. Die Entstehung dieses Übergangsraumes ist also nicht ein einmaliges, sondern ein anhaltendes, lebenslang bestehendes Geschehen. Es muss als Entwicklungsprozess gesehen werden, das durch Krisen und Belastungen gefährdet, aber auch durch positive Anreize und Herausforderungen gestärkt und gefördert werden kann.

Es geht darum, anzuerkennen, wie wichtig das Ineinander von Imagination und Realem, von Widersprüchlichem und Chaotischem ist, denn in dieser Durchdringung von Realität und Imagination wurzelt die Kraft des Schöpferischen. Es gilt herauszufinden, ob und wie sich die Gestaltung des Übergangsraumes im Laufe einer persönlichen Biographie verändert hat, und bei der Wiederbelebung und Regeneration dieses Raumes zu vermitteln, sodass Menschen imstande werden, ihn angstfrei und kreativ zu nutzen, ohne sich darin zu verlieren. Lehrer, Erzieher, Partner können dazu beitragen, Spielräume des Selbst zu erweitern, indem sie die Sinne dafür wecken: »Das ist dein bisher nicht gesehener und nicht wahrgenommener Spielraum.« Oft eröffnen sich solche Spielräume mit einfachen Fragen: Wann haben Sie zum

letzten Mal gesungen? Wann haben Sie zum letzten Mal Geschichten erzählt? Wann haben Sie zum letzten Mal getanzt? Und häufig ist festzustellen, dass der Verlust des kreativen Raumes einhergeht mit Lebenskrisen oder der Einengung von Lebensräumen.
Wo die Zwänge des Alltags sich lockern, beginnen Menschen, sich nach dem »anderen« umzusehen. Die erwachsene Sehnsucht nach der Lebenskunst des Spielens und der Kindheit gilt auch der Sehnsucht nach diesem potenziellen Raum, nach dem kreativen Ausdruck, der spontanen Geste, nach dem, was man auch die Vorstellungskraft nennt. Diese Sehnsucht, der die Therapeuten tagtäglich bei Patienten begegnet, gibt Auskunft über die Art von Selbstverhältnis, zu der ein Mensch gelangen kann, wenn er sein Herz nicht abstumpfen lässt oder resignativ der äußeren Realität anpasst. »Trotz allem, was ich erdulden muss … bleibt immer noch dies: meine Freude, die Freude des Künstlers, die Dinge wahrzunehmen und daraus im Geist ein eigenes Bild zu gestalten.« Diese Aussage wurde sogar im Angesicht des bevorstehenden Todes gemacht. Sie stammt aus dem Tagebuch Etty Hillesums (1914–1943), das diese vor ihrem Abtransport nach Auschwitz notiert hat. Unter Aufbietung sämtlicher innerer Kräfte hielt sie bis zuletzt die eigene schöpferische Wahrnehmung aufrecht, mit der sie die brutale Realität ihres Lebens im Konzentrationslager verwandelte und überschritt.
Menschen brauchen Übergangsräume. Menschen brauchen Räume, in denen sie die Wirklichkeit so erleben können, wie Künstler sie erleben. Die Verwirklichung dieser Praxis wäre in der Tat ein Stück Verweigerung der

Zumutungen des »kolonisierten Alltags«. Sie käme einer Wiedergewinnung sinnlich-kreativer Wahrnehmung gleich und damit einer Vorstellung von Herzensbildung, die eng verbunden ist mit der Fähigkeit des Einzelnen, in jenem Bereich zwischen Phantasie und Wirklichkeit zu leben, den der Kinderanalytiker D. W. Winnicott den »dritten Bereich« kulturellen Lebens bezeichnete. Es kann nicht darum gehen, dass jeder eigene Kunstproduktionen einzubringen hat, sondern um den Mut zum Eigensinn, auf persönliche und eigenwillige Art auf Vorgefundenes zu reagieren. Um das, was Isaac Stern seinen jungen Geigenvirtuosen immer wieder sinngemäß vermittelte: »Spiele deine eigene Melodie.« Menschen brauchen Spielräume, um eigene Erfahrungsmöglichkeiten aufleben zu lassen von einer Welt, die auch sein könnte. Sie brauchen begehbare Brücken, die den Abgrund zwischen dem Möglichen und dem Zwang der Fakten überwinden. Sie können nicht leben ohne das Vertrauen zu etwas Unzerstörbarem in sich. Im Übergangsraum wurzelt die Kraft des Menschen zur kreativen Wahrnehmung und zur Überschreitung der Grenzen seiner Wirklichkeit, zur Sabotage an einer einseitigen Abrichtung durch Zahlen und Daten. Dieser Raum zeigt uns selbst, die Welt und unsere Beziehung zu ihr in der ständigen Möglichkeit des Andersseins.

Musik

Die Menschen unterscheiden sich nicht in Gewinner und Verlierer, sondern in Lernende und Nicht-Lernende. Betrachtet man die Herzensbildung unter diesem Lernaspekt, so kann man sagen, dass sie mit dem Willen und der Bereitschaft zu lernen steht oder fällt. Es gibt ein paar Dinge im Leben, die das Lernen lehrt, die man nicht benoten kann: die Liebe, die Freundschaft, den Eigensinn, die Loyalität, die Verantwortung und die Musik. Ihnen allen gemeinsam ist, dass das greifbare und begreifbare Ergebnis weniger wichtig ist als der Weg oder der Prozess, der zu seinem Ziel führt. Das Ergebnis erlaubt vielleicht Rückschlüsse auf den Prozess, aber auch diese sind nicht objektivierbar, rechenbar, benotbar. Wenn es um das Lernen geht, so gibt es kein besseres Terrain als die Musik. Als Erstes lernt man nämlich, dass Denken und Fühlen zusammengehören. Das heißt: Durch die Musik erfahre ich, was es heißt, im Herzen zu denken und im Gehirn zu fühlen. Eine Tatsache, die die Hirnforschung immer wieder bestätigt: Informationen werden in allen Körperzellen gespeichert, also nicht nur im Gehirn. Lernen heißt deshalb an der eigenen sinnlichen Erfahrung anknüpfen. Wenn Musiker üben und dabei auf ihre Atmung achten, auf ihr Körpergefühl, ihren analytischen Geist einsetzen, die Sensibilität auf ihre wachen Gefühle lenken und ihren Ausdruck differenzieren, dann geschieht etwas Umfassendes: volle Konzentration und Geistesgegenwärtigkeit, gepaart mit persönlichem Gefühl und Stimmigkeit. Wenn das alles zusammenkommt und nicht gestört ist, dann wird alles ganz leicht, weil es im wahrsten Sinn des Wortes stimmig ist. Musiker fühlen sich aufgehoben in einem größeren Ganzen, frei trotz vollen Einsatzes, in einer Freiheit, die für alle gilt.

Musik ist in der Lage, etwas in uns zu öffnen und in Schwingungen zu versetzen, das sonst unberührt geblieben wäre. Wie kaum ein anderes Medium, so berührt Musik unser Herz. Sie spricht unsere Emotionen unmittelbar an, ohne Heilsversprechen und Manipulation, weil sie in ihrem Kern zweckfrei und in sich selbst genug ist. Vielleicht ist es sogar gerade das ganz andere, die Inkommensurabilität, das grandios Nutzlose, das ihre Größe ausmacht. Es spricht etwas Deprimierendes aus all diesen guten Nachrichten: Musik macht gesund, hilft gegen Depressionen, bei mangelnder Intelligenz, stärkt das Immunsystem. Wozu dieser Umweg über die Rentabilität? Warum muss sie immer für etwas anderes gut sein? Nur noch als Mittel zum Zweck? Sind diese vermeintlich starken Argumente nicht letztlich Zeichen des Verfalls? Die Tatsache, dass Musik missbraucht werden und sogar tödlich sein kann – man denke an Gesualdo, den Doppelmörder, an Schumann, der in der Irrenanstalt landete, an Horowitz, der ermattet vom extensiven Klavierspiel jahrelang nicht mehr vom Sofa hochkam –, das darf uns dennoch nicht verwirren. Es kommt auf das Maß und die Einstellung an.

Und das liegt am Wesen der Musik, die sich nur durch Musik und nicht durch Sprache erfassen lässt. Sie ist für uns da wie die Sonne, der Mond, die Sterne und der Wind. Musik ist Bewegung, Ausdruck und Mitteilung. Sie bewegt die Menschen und zeigt, dass Menschen sich bewegen.

Insofern sind wir alle Musiker. Selbst diejenigen, die sagen: »Musik sagt mir nichts.« Sie unterliegen höchstens dem Irrtum, zu meinen, Musik sei konkrete Mitteilung. Je intellektueller wir ausgerichtet sind, desto mehr brauchen wir sie. Nicht als Ausgleich oder Gefühlsduselei, sondern überhaupt, um hören zu lernen, um lernen zu lernen. Und weil Musik das Herz weicher macht. Ich spreche nicht von der Rührseligkeit, sondern von der einzigartigen Gabe, die die Musik bereit hält, weil sie Bewegung ist und uns deshalb aus der Verhärtung löst, weich macht und damit wärmer, menschlicher. Musik sensibilisiert uns dafür, wie wir sein könnten, weil wir noch nicht so sind, wie sie es verspricht. Sie gibt hörbare Zuversicht, dass wir einmal so sein werden. Nicht aus Optimismus oder Ignoranz, sondern weil sie unsere Hoffnungssuche wachhält.

Ich komme nochmals darauf zurück: Musik lehrt, zu hören, hinzuhören, zuzuhören. Deswegen erübrigt sich das Vorkauen, wenn man selbst hört. Und letztlich kann man Musik nicht lehren, man kann nur miteinander lernen. Das unterscheidet die Musik von anderen Künsten.

Musik machen heißt, sich einordnen lernen unter Gesetzmäßigkeiten, die eben nicht von außen aufgezwungen werden, sondern die sich aus der Sache selbst ergeben. Wer Musik macht, lernt, sich in einem übergeordneten Ganzen einzuordnen. Das ist das Gegenteil zum blinden Gehorsam oder dem verordneten Zwang, sich gefälligst unterzuordnen.

Lesen

Was lesen Sie zur Zeit? Diese Frage scheint mir zentral, wenn man die Herzenslandschaft eines Menschen erkunden will. Sie gibt meist besseren Einblick in das Leben eines anderen als die übliche Frage: »Wie geht es Ihnen?« »Es ist eigenartig, dass Menschen, die nicht nur gelebt, sondern auch gelesen haben, mehr von ihrem eigenen Leben zu erzählen haben und erzählen können, als jene, die nur ihr eigenes Leben gelebt haben«, so beschreibt Peter Bichsel die Chance, die im Lesen liegt. Zur Herzensbildung gehört das Lesen. Sieht man das Herz als inneren Kontinent, so kann man sagen, dass mit jedem Text, der einen berührt, ein Stück dieses Kontinents erforscht wird. Immer wieder neu, als hätte sich vorher noch nie jemand auf den Weg gemacht. Erst das Lesen vieler Bücher lässt uns in alle möglichen Welten und Gefühle eintauchen, um die eigene innere Verfassung zu reflektieren. Ich behaupte sogar, dass man sämtliche Gefühle lesend erfahren kann. Und dass ein gelesener Satz das eigene Leben verändern kann, wenn man sich berühren lässt.

Seit Jahrtausenden variiert die Literatur immer dieselben Themen, die Menschsein ausmachen. Keine wissenschaftliche Erkenntnis bremst den Hang zur Verewigung des Immergleichen. Da mögen die Mediziner noch so oft behaupten, dass das Herz nichts anderes ist als ein Organ unter anderen Organen, die Psychologen erklären, dass das Denken und Fühlen im Hirn beheimatet ist, die Philosophen predigen, dass die Seele schon gar nicht im Herzen wohnt, die Neurologen unser Inneres als Nervenbahngebirge kartografieren. In Sachen Herz als Metapher für Gefühle sind wir leidenschaftlich unvernünftig – wie Generationen vor uns. Wir lieben Romane, Geschichten und Dramen, die von flammenden, heißen, erkalteten und gebrochenen Herzen erzählen. Wir sind fasziniert, wenn ein Schriftsteller Herzblut investiert.

Lesen heißt mit dem Kopf eines anderen denken. Lesend begeben wir uns von der persönlichen Realität in die Realität der Erfahrung, die eine andere Person für uns vorgestellt und geschaffen hat. Eine Welt, die anders, möglicherweise realer, schöner oder wahrer ist als die, in der man sich selbst befindet. Aus sicherem Abstand entdeckt man womöglich Wahrheiten über sich selbst, die man zuvor nicht gekannt hat.

Bücher entfernen uns nicht aus der Realität, sie verankern uns in ihr. Es entsteht eine Art Rückkoppelung, weil man das, was man liest, stets mit den eigenen Erfahrungen vergleicht. So erscheint all das, was man selbst erlebt, erfahren, gesehen und gefühlt hat, nun klarer. Nicht selten entdeckt man, dass man es mit dem eigenen Leben doch ganz gut getroffen hat, und zieht seine Schlüsse daraus. Insofern sind Bücher eine Art Daseinssteigerung. Man sieht nicht nur klarer, sondern kann sich auch probeweise mit Menschen und Erfahrungen auseinandersetzen und lernt dabei sich selbst zu erfassen, zu begreifen und zu verstehen.

Marcel Proust hat das Buch als eine Art optisches Instrument beschrieben, mit dessen Hilfe man letztlich immer nur in seinem eigenen Leben liest. So betrachtet, entdeckt man in einem Buch immer sich selbst, Botschaften über sich selbst, an sich selbst, Spuren und Spiegel der eigenen Geschichte. Gefühle wie Schmerz, Wut, Angst, Sehnsucht, Hass, Verlassenheit dürfen sich zeigen und können gleichzeitig abreagiert werden, weil es ja den Helden oder Antihelden gibt, der es stellvertretend auslebt. Demzufolge kann das Lesen eine Art Navigationshilfe sein, die uns dabei unterstützt, die Orientierung nicht zu verlieren und sicher durch die Höhen und Tiefen des Alltags zu steuern.

Darüber hinaus sind Bücher eine Art Inventur unseres Lebens. Heraklits Diktum »Niemand steigt zweimal in den selben Fluss« bestätigt sich, wenn man ein Buch wieder liest. Man liest das gleiche Buch immer wieder neu, anders. Manche erträgt man nicht mehr, andere wecken die schönsten Erinnerungen oder machen melancholisch. Man erinnert sich wieder an die Stunden auf dem Sofa, die Leseorgien unter der Bettdecke, an die langen Reisen im Zug, an den Tee als Lesehelfer, an die Leselampe, an das Lesen am Abend bevor sich der Schlaf in den Text geschlichen hat.

Dann gibt es noch eine Erfahrung, die nur Leser machen: Wer liest, versteht sich darauf, die Zeit anzuhalten. Wie herrlich langsam ein grauer Sonntagnachmittag vergeht, das kann nur ermessen, wer ein dickes Buch liest. Die Fähigkeit, seine Gedanken über eine längere Zeitspanne auf eine einzige Sache zu richten, vermittelt etwas, das Menschen, die durch das Internet surfen, sich kaum vorstellen können: Kontinuität. Bildschirme riechen nicht und wärmen nicht. Neue Bücher riechen nach Druckerschwärze, alte riechen nach ihrem Besitzer. »Schon der Duft dieser Bücher«, erzählte eine Klientin, die Stunden in einer Klosterbibliothek zugebracht hatte, »wirkt auf meine Bronchitis besser als all diese edlen Heilkuren, die ich hinter mir habe.«

Ein Buch trägt nicht nur die Geruchsspuren des Lesers, ein Buch kann eine wahre Fundgrube sein, voll von Randnotizen, Zetteln, Gekritzel, geheimen Telefonnummern, Briefen, Bahnbilletten, Kaffeeflecken, Fettflecken, Kassenbons, Lebenszeichen. Spuren, die alte Zeiten wieder hochschwemmen und uns vielleicht mit ihnen versöhnen.

Vielleicht erinnert sich mancher mit dem Buch im Bett an die Zeiten, als die Mutter Märchen vorlas. Die Mutter als Resonanzkörper, die uns das Glück zwischen zwei Buchdeckeln schenkte. Selbst lesend, haben wir uns von dieser Geborgenheitsinsel entfernt. Sind auf eigene Faust losgezogen, haben unsere eigenen Schätze entdeckt, erjagt, erforscht und unseren eigenen Kompass, unser eigenes Lese-Leben, gefunden.

Theater

Aus dem »Gewässer« der Herzensbildung möchte ich einen weiteren Fisch herausziehen, einen, der ständig vom Aussterben bedroht ist: das Theater. Es geht mir nicht darum, den Fisch zu retten, sondern es geht mir um das Gewässer, das umkippt ohne den Fisch. Was bedeutet das? Wer ins Theater geht, der ist nicht mehr allein. Man sitzt in einem Raum und hat teil an dem, was anderen zustoßen kann, welche Schicksale Menschen haben, was sie verletzt und beglückt. Man entdeckt, dass es ganz anders sein kann als bei einem selbst, oder man findet sich widergespiegelt. Theater ist beides: Man erkennt sich wieder und lernt gleichzeitig das Denken, Fühlen und Wollen anderer kennen. Man lernt, die Vielfalt von Gefühlen und Empfindungen zu differenzieren. Man lernt neue Welten seelischen Geschehens kennen. Andere Gefühle, andere Sehnsüchte, andere Sprachen. Theater weckt soziale Phantasie. Man verlässt für einen begrenzten Zeitraum die eingefahrenen Gleise eigenen Lebens und findet sich wieder unter neuen Gefühlshorizonten. Man lernt neue Sprachen, neuen Ausdruck. Man kann sich identifizieren und abgrenzen.

Gehen wir zurück in die Geschichte. Ursprünglich war das Theater eine revolutionäre Tat und schlug ein wie eine Bombe. Alles was zuvor nur den Eingeweihten zugänglich war, das ganze Drama des Menschseins, wurde plötzlich öffentlich auf der Bühne gezeigt: Darstellung intimster Regungen, Handhabung imaginativer Kräfte, schöpferisches Spiel.

Theater ist selbst Botschaft. Permanente Geistesgegenwart ist sein Grund. Theater verkörpert Sprache, besser: Es versprachlicht Körper. Das ist sein Zentrum, und das ist viel. Denn der Zuschauer erfährt im Theater am eigenen Leib, was es heißt, Sprachwesen zu sein. Wie umfassend ist ein Gedanke, wenn er ausgesprochen wird? Wie umfassend ist ein Wort oder Satz, wenn er getan oder gespielt wird? Wie umfassend ist das Sichtbare, wenn es das Unsichtbare widerspiegelt?

Theater zeigt, wie es im Menschen zugeht, hin- und hergerissen zu sein zwischen Widersprüchen, zwischen Ankommen und Aufbrechen, zwischen Festhalten und Sich-

Erneuern. Theater gibt der Verwandlungskraft Ausdruck, dass wir anders sein können, als der, der wir gerade sind. Wie aus Liebenden Hassende werden, wie aus Verzweifelten Hoffnungsvolle werden: Im Theater erleben wir es unmittelbar. Das lenkt die Aufmerksamkeit auch nach innen. Es werden Fragen in Gang gesetzt: Warum bin ich so betroffen? Was hat es mit meinem Leben zu tun? Warum musste ich ausgerechnet an dieser Stelle weinen? An etwas teilzuhaben, das menschliche Höhe und Tiefe zum Ausdruck bringt, erhöht auch den Zuschauer. Ist es nicht das, was wir uns wünschen, dass sich unsere tiefsten Gefühle mit etwas verbinden, dass sie zum Ausdruck bringt?

Der Schriftsteller Alfred Döblin hat dies als »Sehnsucht nach Vollendung« beschrieben. Die Klage über die Unvollendung, die über unserem Dasein liegt, sei ein dunkles oder helles einfaches Gefühl in jedem Menschen, das von Vollendung weiß. Woher? Döblin antwortet: »Schon in der Kunst strebt es nach Vollendung, schafft Bilder … Ein grenzenloser Baubetrieb ist in uns angelegt. Unvollendbar sind wir, auf Vollendung soll und muss es aber gehen.« Döblin macht uns Mut, weiterzubauen, auch wenn wir gleichzeitig wissen, dass uns die Vollendung nie gelingt. In diesem Sinn weckt Theater dies Gefühl, das in jedem lebt, und hebt es ins Bewusstsein. Es macht ausdrücklich, was in uns Eindruck ist. Zwischen Eindruck und Ausdruck schwingt unser Herz. Davon leben wir. Darum brauchen wir Theater. Eine geglückte Theaterveranstaltung ist eine, die etwas in uns zum Fließen bringt, die eine kleinere oder größere seelische Bewegung auslöst, die etwas schmelzt, das vorher festgezurrt war.

Man ist danach ein anderer als vorher, weil man sich berühren ließ. Niemand, der die Dichte tiefer Augenblicke auf der Bühne erlebte und sich darauf einlässt, wird immer nur dasselbe denken und tun. Er wird nicht Opfer seiner Wiederholungszwänge, sondern er lernt zu fragen: Was ist mit mir?

Wäre nicht schon viel gewonnen, wir würden uns immer wieder öffnen und in Beziehung setzen zu dem, was wir auf der Bühne sehen? Das heißt, nicht nur Theaterwerke kennenzulernen und zu konsumieren, sondern zu fragen: Worin erkenne ich mich wieder? Was kann mit Menschen geschehen? Was kann und soll mit mir geschehen? Das wäre ein Weg, die eigene Phantasie wieder zu ihrem Recht kommen und sprechen zu lassen, sich zu bewegen und infrage stellen zu lassen, und das heißt sich verändern lassen. Ein immer tieferes Verständnis gewinnen, mit der eigenen Phantasie produktiv umzugehen.

Natur

Herzensbildung bedeutet, sein Herz, seine Augen und Ohren auf etwas Größeres zu richten, sich weit machen. Für den einen ist es vielleicht die nächtliche Betrachtung des Sternenhimmels, der Blick auf einen Weiher, ein steiler Bergweg, die Schönheit der Bäume oder eine bunte Blumenwiese. Wer sich darauf einlassen kann, wird sich wahrscheinlich weniger mit Ersatzprodukten des kleinen Glücks abspeisen lassen, weil man das Große nicht mehr missen möchte.

Die Begegnung mit der Natur verbindet uns wieder mit dem Herzen und führt zu den eigenen Sinnen – Schauen, Hören, Tasten, Spüren. Wir werden durchlässig für Sinn. Wenn unser Blick auf einen Baum, einen Stein, über das Wasser schweift, wenn wir durch eine weite Landschaft streifen oder eine Runde im Wald laufen, dann kommen wir wieder in Kontakt mit Mutter Erde und damit auch mit uns selbst. Man muss sich beileibe nicht gleich das Herz aus dem Leib joggen, die schlichte, aber vergessene Wahrheit lautet: Es ginge unserem Herzen besser, wenn wir statt zu rennen – mehr gehen würden.

Es macht einen Unterschied, ob ich zur selbst auferlegten Leistungssteigerung gehe, aus sportlichen Zwängen, oder ob ich für Herz und Seele gehe. Es gibt verschiedene Motivationen – um Körperfett zu verbrennen, ein kreatives Problem zu lösen, einen Konflikt mit mir selbst oder anderen im Kopf auszutragen, wieder wach zu werden für die Natur, Abstand vom Alltag zu gewinnen, mich zu spüren oder um zu meditieren. Eine Kollegin meinte dazu: »Ich gehe aus all diesen Gründen, aber am meisten mag ich das meditative Gehen. Mit großen, langsamen Schritten konzentriere ich mich auf das Ein und Aus meines Atems, dabei beruhigen sich die vielen Stimmen in meinem Kopf und es wird ganz still in mir.«

Hinaus in die Natur zu gehen, befriedigt eines der mächtigsten Bedürfnisse: dazuzugehören und sich aufgehoben zu fühlen. Hinzu kommt die Botschaft unseres Körpers an uns: Wenn du dich im Freien bewegst – vielleicht bei einem flotten Spaziergang –, dann geht es dir verdientermaßen gut. »Wir fühlen uns wohler in unserer Haut«, sagen wir gern. Genauer hieße es: Wir bewegen uns geschmeidiger, unser Schritt wird federnd, unser Gang wird elastischer, das Zusammenspiel von Muskeln und Gelenken wird harmonischer. Kurzum: Wir werden frei von Zwängen, Spannungen und Belastungen. Wir kommen zu uns selbst. Wir werden weiter und damit zuversichtlicher.

Was sich durch Grübeln nicht bessert, wird im Freien neu durchflutet. Ähnlich, wie man es im Urlaub geschmeckt hat: »Ich lebe! Mein Herz pocht, die Beine sind noch kräftig. Ich fühle mich! Ich bin näher an mir dran.«

Warum ist die Natur für uns wichtig? Zumindest fließen nicht mehr alle Energien in den Kopf – wie in der warmen Stube. Ärzte würden nüchtern sagen: »Endorphine« – also körpereigene Opiate. Die Muskeln werden besser durchblutet, die Gelenke wach, das Gehirn wieder frisch, die Augen klarer. Der Körper schenkt die Ahnung, dass man umfassender, erfüllter existieren kann, und das setzt den Pendelschlag der Lebendigkeit in Gang.

Wann zuletzt habe ich mich so wohl und intakt gefühlt? So fragt sich der Kopf, der schon lange nicht mehr auf das Rauschen eines Baumes, das Singen eines Vogels, das Sprudeln eines Baches gelauscht hat. Der einfache Entschluss, ins Freie zu gehen, sich bei einer Runde im Wald durchzulüften, bedeutet Erneuerung für Geist, Herz und Seele. Während wir meinen, »nur« unseren Körper zur Bewegung zu befreien, geschieht Regeneration all unserer geistigen und seelischen Kräfte. Die Stimmung hellt sich auf, das Selbstvertrauen wächst und das Wichtigste: die Liebe zu uns selbst. Die Natur ist der beste und nächste Helfer, will man sich wieder aufrichten, versöhnlich und von Herzen gut mit sich sein.

Es gibt ein schönes indianisches Ritual – einen Baum umarmen. »So spüre man unmittelbar die Kraft des Baumes und habe an seinen Träumen teil«, sagen die Indianer. Man wird vielleicht selbst wie ein Baum, der in der Erde wurzelt und dessen Krone den Himmel berührt. Solch ein Erlebnis strahlt aus und zieht versöhnliche Gedanken an, die sich wie eine Schar Vögel auf unseren Schultern niederlassen. Der modernen Hirnforschung verdanken wir die Beweise, dass dies nicht Poesie, sondern einfach die Wahrheit ist.

Malerei

Menschen brauchen Inseln des Gelingens, Inseln, auf denen das Gefühl des Einsseins, der Selbstvergessenheit mit der Welt versöhnt. Solche Momente sprechen dem kargen Alltag das Recht ab, sich als definitiv aufzuspielen.
Die Malerei ist solch eine Insel, auf der wir erkennen: Es gibt mehr. Es gibt wie im Meer eine Oberflächenströmung, die wie die Wellen vergeht, und eine Tiefenströmung, die hinter dem Vordergründigen bestehen bleibt. Es gibt Schönheit und Tiefe. Es gibt Menschen, die ihr Herzblut dafür vergießen. Das lehren uns unzählige Werke der Malerei. Ich denke beispielsweise an Van Goghs Bilder, seine leuchtenden Farben und die machtvollen Gefühlsregungen, sein Ringen, seine Liebe, seine Wut und die Apokalypse. Ströme von Sonnenstrahlen, die Ausstrahlung eines gepflügten Feldes, die ein Gefühl von Ruhe und tiefer Freude übertragen. Man erlebt et-

was, das man einfach fühlen kann. Man muss es nicht verstehen.

Und die Bilder, die einen hineinziehen, als würden sie sich vor den eigenen Augen bewegen. Lebendige Formen und Farben, die mit ihren Bewegungen und Gefühlen die eigenen Bewegungen und Erfahrungen erweitern und bestätigen. Hier begegnet man der inneren Substanz von Menschen, die ihre Gefühle für uns eingefangen und festgehalten haben. Keine Philosophie, Religion, Natur. Sie *sind* einfach. Sie bringen unsere aufgeregten Gedanken zum Schweigen und erwecken uns zu neuer Wahrnehmung. Wir brauchen uns nicht selbst bezeugen, ein anderer hat es für uns getan. Und wir finden uns darin wieder.

Auf diese Weise lässt sich beispielsweise die »Liebesumarmung« der mexikanischen Malerin Frida Kahlo als Selbstbildnis verstehen. Ein Selbstbildnis, das nicht nur ihr Antlitz, sondern ihr ganzes Wesen vor uns ausbreitet. Anfänglich mag das Bild unangenehme Erfahrungen auslösen, aber vielleicht tritt eine Entspannung ein, wenn man auf sich wirken lässt, dass diese Frau um ihren inneren Frieden gekämpft hat und nun sagen kann: »Seht her, das bin ich!« Ob Frida Kahlo das beabsichtigt hat, ist unerheblich, wichtig ist, dass diese Aussage auf uns wirkt.

Man kann mit Bildern allein sein, und wenn die innere Unruhe verebbt, dann fangen Bilder an zu sein und zu sprechen. Bilder können zu uns sprechen, wenn man sich ihrer Ausstrahlung und Kraft aussetzt und nichts dagegenstellt. Sie nicht vereinnahmt oder in Besitz nimmt. Bilder auf sich wirken zu lassen ist etwas anderes als

Nachdenken. Es ist empfangen und wahrnehmen und bei sich verweilen lassen, ohne einzugreifen. Eine ähnliche Haltung, die Menschen auch beim Meditieren oder Beten einnehmen.

Ich bin überzeugt: Hätten wir den Mut, in aller Stille einfach zu malen, ohne jede Theorie, aber in voller Sammlung, wären wir um wesentliche Herzenserfahrungen reicher. Zwar gibt es einen selbst als Individuum und schwere und belastende Gefühle, die uns an der Hingabe hindern. Aber man kann sie überwinden, indem man den einfachen Entschluss fasst, Papier und Stifte in die Hand zu nehmen und sich von dem führen zu lassen, was sich von innen heraus einen Weg nach außen bahnen will. Nicht das Produkt ist entscheidend. Worauf es ankommt, ist die Botschaft, die man über sich selbst an sich selbst gibt. Und die Erlaubnis, die Welt mit anderen Augen zu sehen. Etwas fassbar werden zu lassen, nach außen zu bringen, damit es sich nicht gegen einen selbst richtet. Wie eine Malerin meinte: »Es ist egal, ob man malt, schnitzt oder töpfert. Hauptsache, die kreative Leidenschaft richtet sich nicht nach innen gegen einen selbst, sonst erstickt man.«

Malen ist nicht nur ein Segen für ein paar wenige Auserwählte. Unsere kreative Natur ist ein integraler Bestandteil unseres täglichen Lebens, sei es im Sprechen, Schreiben oder Malen. Leider leben wir in einer Kultur, die alles bewertet, was wir tun, sei es nun Musik, Literatur oder andere kreative Tätigkeiten. Wir schauen auf das Endprodukt und urteilen, ob etwas als kreativ gelten darf oder nicht, ohne auf die Person zu schauen, die sich darin ausgedrückt hat. Sich von dieser Sicht zu befreien, bringt einen immensen Zuwachs an freien, ungehinderten Ausdrucksmöglichkeiten mit sich. Aus meiner eigenen und beruflichen Erfahrung weiß ich: Wenn Menschen den Mut aufbringen, ihrem eigenen kreativen Ausdruck zu trauen, wandeln sich ihre Empfänglichkeit und Offenheit im Alltag grundlegend. Man lernt die Welt mit neuen, frischen Augen zu sehen.

Menschen vor uns haben ihre Gefühle und Nöte ausgedrückt. Vieles ist verloren gegangen und manches lebt in unseren Museen weiter. Wir müssen nicht alles neu ausdrücken. Es gibt Häuser, deren Aufgabe es ist, die Zeit anzuhalten, in denen die Vergangenheit greifbar ist. Es tut der Seele wohl, wenn wir über unseren eigenen Tellerrand hinausschauen und die Schätze der anderen würdigen. Wenn man weiß, auf welchen Schultern man steht, dann ist das eigene Leid und Weh nicht mehr einzigartig. Es relativiert sich vieles und rückt in sein menschenmögliches Maß. Und man kann sich getrost in Gelassenheit üben.

V. Wofür Herzensbildung?

Den Blick heben

In unseren Großstädten findet sich neuerdings auf den Trottoirs die Aufschrift »Blick heben«. Ist das nicht eine schöne, tiefsinnige Aufforderung? Einfach den Blick heben, ins Freie, in die Wolken schauen und nachdenken: Wo bin ich gerade? Wo befinde ich mich auf der Straße meines Lebens? Wo sind die anderen?
Auf den Straßen unseres Lebens sind wir meist nicht allein. Geschieht es doch, so ist es vielleicht vorübergehend, weil man sich verlaufen, den Weg verloren, sich verirrt hat. Wir brauchen die anderen, weil wir Mitmenschen sind. Der Austausch mit anderen erschließt uns andere Leben. Diese wiederum wirken zurück auf unser eigenes Leben. Die Vielfalt anderer Meinungen, Gewohnheiten, Einstellungen, Sprachen bereichert uns nicht nur, sie ermöglicht uns auch mehrere Leben. Mit so vielen Menschen man sich einlässt, so oft hat man sein Leben. Von Tomas Masaryk stammt der schöne Satz: So viele Sprachen man spricht, so viel mal ist man Mensch. Anders gesagt: Mit so vielen Menschen man sich austauscht und einlässt, so oft hat man sein Leben. Der Philosoph Odo Marquard sagt es treffend: »Die Kommunikation mit ihnen in all ihrer Vielheit ist für uns die einzige Chance, trotz unserer Lebenseinzigkeit viele Leben zu leben.«
In unserer Geschichte haben wir Menschen im Hintergrund und Menschen mit uns. Man kann sogar sagen: Wir werden von Personen bewohnt, die wir in unseren Entwicklungsprozessen verinnerlicht haben. Deswegen können wir uns in sie hineinversetzen, oft so gut, dass wir

genau wissen, was sie jetzt sagen oder wie sie jetzt reagieren würden. Wir sind bewohnt und wir bewohnen andere, die sich auf uns eingelassen haben. Die Welt unserer Gefühle und Gedanken ist keine abgekapselte, wir brauchen den Blick der anderen, um zu erkennen und zu verstehen, wer und wie wir sind. Im Austausch darüber, um was es uns mit ganzem Herzen geht, lernen wir zu verstehen, was wir im Herzen tragen. Der Blick der anderen ist unsere Korrekturinstanz. Aus ihm können wir lernen, dass unsere Wünsche und Gefühle oft nicht zu dem passen, was oder wie wir leben; dass unser Verhalten und unsere Worte nicht kongruent sind; oder dass wir Möglichkeiten und Ressourcen übersehen, die darauf warten, von uns belebt zu werden. Der Blick der anderen ist ein Geschenk. Aber er kann auch Angst machen und Abwehr erzeugen, wenn wir uns ertappt oder entlarvt fühlen, weil unser Selbstbild und die Sicht der anderen auseinanderklaffen. Dann leisten wir Widerstand und wehren uns erbittert, um unser Selbstbild zu verteidigen, das heißt um derjenige zu bleiben, der wir gern wären.

Wer sich dem Blick der anderen nicht verschließt, sondern ihn dankbar annimmt und erwidert, erlebt Daseinsbestätigung und seelischen Kraftzuwachs. Im schönsten Fall mündet diese Erfahrung in dem Satz: »In deiner Gegenwart verstehe ich mich erst selbst.« Die Sehnsucht, anderen zu begegnen, die einen erkennen und durch ihr Erkennen zur Selbst-Verständlichkeit verhelfen, kennt wohl jeder. Der Wunsch, erkannt zu werden, setzt voraus, dass ich mich zeige und kenntlich mache. Wie aber mache ich mich kenntlich? Zum Beispiel, indem ich zeige, was ich liebe, was mir am Herzen liegt, was mir wertvoll oder heilig ist. Indem ich mich gebe, beginne ich zu verstehen, wer ich bin. Ich kann mich aber nur kenntlich machen, wenn ich mich selbst kenne. Je weniger ich meine eigenen Motive durchschaue, desto größer die Gefahr der Projektion. Täuschungen, Missverständnisse, Unterstellungen entstehen letztlich aus Unkenntnis sich selbst gegenüber. Sie ist die Ursache von Ungerechtigkeit, Abwertung, Intoleranz und Grausamkeit gegenüber anderen.

Aber nicht nur um das Vermeiden von Täuschungen geht es, sondern auch um das Herz, das wir füreinander haben. Es ist für den Beziehungsaustausch von entscheidender Bedeutung. Voraussetzung dafür ist, die eigenen Projektionen zu durchschauen und unterscheiden zu können zwischen dem Wunsch, wie man den anderen gern hätte, und der Wirklichkeit, wie er oder sie ist.

Viel an Beziehungselend wäre aus der Welt geschafft, wenn wir uns daran erinnerten, dass es immer ein Spektrum von plausiblen Deutungsmöglichkeiten gibt, die das Verhalten des Gegenübers im eher guten oder eher schlechten Licht erscheinen lassen. Es stehen immer Deutungen offen, die alle mehr oder weniger infrage kommen, die aber einen großen Unterschied machen, wie der andere dasteht. Es gibt immer Deutungen, die den anderen dümmer, oder solche, die ihn klüger, gescheiter oder liebenswerter erscheinen lassen. Man denke an den feinen Unterschied zwischen »er ist gar nicht so dumm« oder »er ist nicht ganz gescheit«. Wie gut der andere in meiner Deutung wegkommt, entscheidet über das Niveau wechselseitiger Wertschätzung. Ohne ein Mindestmaß von wohlwollender Interpretation bleibt das Herz auf der Strecke. Herzensbildung verlangt Großzügigkeit im Unterstellen wohlwollender Interpretation. Man kann, wenn man es darauf anlegt, den anderen immer missverstehen oder herunterinterpretieren. Umgekehrt kann man auch niemanden dazu zwingen, einen selbst richtig zu verstehen. Verständigung ohne wohltätiges Interpretieren ist im wahrsten Sinn des Wortes herzlos. Vom wohlwollenden Interpretieren hängt nämlich ab, ob wir beim Austausch mit gegenseitiger Wertschätzung zu tun haben oder nicht. Der Soziologe Georg Franck meint, dass das gegenseitige wörtliche Verstehen nicht genügt, es muss die Interpretation nach der Maxime hinzukommen: »Halte, wenn dir der andere unverständlich erscheint, nicht ihn, sondern erst einmal dich selbst für den Dümmeren! Geize nicht mit Vorschuss an unterstellter Rationalität! Deute seine Äußerungen so lange um, bis sie in der gegebenen Situation einen Sinn ergeben!« Diese Maxime könnte die Grundlage für alle höheren Formen des Verstehens bilden. Das würde bedeuten, dass wir unseren Interpretationsspielraum bewusst wohltätig, wohlwollend auslegen. Das wiederum verlangt Großzügigkeit im Vorschießen wohlwollender Auslegung. Und damit wären wir bei der Herzensbildung im Sinn spürbarer Generosität. Sie wäre eine Form praktizierter Wertschätzung, die es klug wäre zu leben, wenn man begriffen hat, wie das Selbstwertgefühl von der Wertschätzung anderer abhängt. Kurzum: Wohltätiges Interpretieren ist das Grundprinzip der Herzensbildung.

Herzensbildung

Herzensbildung ist ein Wert in sich, wie die Liebe. Es wäre falsch zu sagen, sie sei ein Mittel, um glücklich zu sein. Herzensbildung darf nicht mit Wohlergehen pauschal gleichgesetzt werden. Aber es gibt Erfahrungen, die auf das Engste mit den erwähnten Facetten der Herzensbildung verknüpft sind: die Übereinstimmung mit meiner jeweils gegenwärtigen Situation, die Freude, die Welt besser zu verstehen; die Erlösung, eingefahrene Gleise des Erlebens zu verlassen; sich selbst besser zu begreifen und den inneren Radius zu öffnen; die gesteigerte Erfahrung beim Lesen, Musikhören, beim Betrachten von Gemälden.

Um ein Bild zu gebrauchen: Wenn wir uns unser Ich als eine geschlossene Figur vorstellen, dann können wir das Wir als zwei Figuren vorstellen, zwischen denen die Grenzlinie dort, wo sie zusammentreffen und einander begegnen, ausgelöscht wird. Was entsteht? Das Herzsymbol. Ich stelle mir das so vor, dass wir durch all das, was uns berührt – sei es nun die Begegnung mit anderen, schöpferische Aktivität, sinnvolles Arbeiten, Naturerfahrungen –, diese Grenze öffnen, Neues in uns hineinlassen, unsere Topologie verändern. Unser Herz weitet sich.

Kann es sein, dass wir deshalb so gern Herzen malen, weil wir ein intuitives Wissen davon haben, wenn wir unsere Grenze für jemanden oder etwas öffnen – wir mehr und weiter werden? Auch wenn es verschiedene Theorien gibt, was das Herzsymbol eigentlich darstellt: ein Efeublatt, eine Feige, das menschliche Herz oder schlichtweg gar nichts außer sich selbst. Vermutlich ist das zu vernünftig gedacht. Belassen wir es bei dem Wort des Mystikers Ibn Arabi: »Mein Herz ist fähig, jede Form zu tragen.« Und darum geht es, dass wir uns erweitern, an Höhe und Tiefe gewinnen und bereit sind, neue Formen zu tragen.

Manchmal wehren wir uns gegen die Erweiterung unserer Grenzen, weil wir uns an sie angepasst haben und die Arbeit scheuen, die mit der Veränderung unserer Gewohnheiten, Denkweisen, Selbstbilder einhergeht. Einen Herzensgebildeten würde man wahrscheinlich daran erkennen, dass er offen ist, neue Dinge zu lernen, ohne übertrieben vertrauensselig zu sein. Er würde neuen und ungewohnten Möglichkeiten sorgfältige Aufmerksamkeit schenken, sie erkunden und mit ihnen experimentieren. Seinen Weg nehmen, sich zu orientieren, zu entscheiden, manchmal kühn, aber immer umsichtig, das ist heute im Informationszeitalter mehr denn je notwendig geworden.

Der Umgang mit den neuen Medien verlangt von uns ständig ein Urteil darüber, welches Wissen wir brauchen und wie wir es einschätzen. Auf sein Herz hören hieße, nicht allem hinterherzulaufen, sich »positive Ignoranz« zuzugestehen; innezuhalten und zu fühlen. Und das bedeutet lernen, zu wissen, was ich nicht wissen muss, und zu begreifen, wie viel Herzensraum ich brauche, um meine eigene Kraft und Kreativität zu schützen. Herzensbildung heißt: den eigenen Herzensraum schützen. Und in unserer Zeit heißt es vor allem: den Gang herunterfahren und entschleunigen. Das bedeutet auch: bewusst zu verzichten und auszuschließen.

Entscheidend für die Zukunft scheint mir die Fähigkeit der Achtsamkeit, der Selbstreflexion, der Selbstbeobachtung, damit wir spüren, was uns satt macht und wie viel wir überhaupt verkraften können. Sokrates' Ausspruch, dass das ungeprüfte Leben nicht wert sei, gelebt zu werden, und der Satz von Hillel: »Wenn ich nicht für mich bin, wer wird es sein? Und wenn ich nur für mich bin, was bin ich? Und wenn nicht jetzt, wann?« – beide haben heute ihre Berechtigung und sind schwieriger geworden denn je. Die Orientierung, die sie bieten, ist kein Ersatz für Einsicht und Reife, deshalb sind wir auf unsere eigene intuitive Urteilskraft angewiesen. Herzensbildung ist keine Formel, die man lernen und anwenden kann. »Weise Lebensführung gelingt keinem Menschen durch Zufall. Man muss, solange man lebt, lernen, wie man leben soll«, so Seneca. Lernen, wie man leben soll, das klingt nach harter Arbeit. Genügt es nicht, wenn man sich irgendwie durchschlägt und den Alltag einigermaßen über die Runden bringt? Dem Herzensgebildeten genügt es nicht, weil er sich ausgeben, sich einlassen will. Sein Herz bilden heißt: sich erweitern in einem ständigen Prozess, offen und lebendig auf die Wirklichkeit eingehen, mit allem, was wir sind. Ein Gefäß für Lebendigkeit, Neugier, Schönheit und Güte zu werden, um der Wirklichkeit unser eigenes, eigensinniges Stück hinzuzufügen.

Leidenschaftliche Herzensbildung

Herzensgebildete erkennt man daran, wie sie mit komplexen, konfliktreichen, lebensnahen menschlichen Problemen umgehen, die nicht nur eine Antwort oder eine Lösung haben. Im Gegensatz zur Welt der kalten, engen, nackten Intelligenz sind sie verankert in zwischenmenschlichen Werten und berücksichtigen verschiedene Perspektiven. Herzensentscheidungen erkennt man daran, dass sie den anderen einbeziehen. Herzensgebildete haben ein Herz für den anderen oder die Gemeinschaft und können deshalb nicht selbstgerecht oder selbstsüchtig sein. Sie sind fühlende Menschen und reagieren deshalb mit Abwehr gegen alles, was Gefühl, Phantasie und Großherzigkeit verhindert. Gegenüber Kälte, Enge, Druck, Geiz kennen sie keine Nachsicht und keine Gelassenheit. Sie wehren sich leidenschaftlich, heftig und mitunter kampfeslustig, weil es ihnen um Werte geht und weil sie ihre Entscheidungen im Kontext von Werten treffen. Herzensgebildete wehren sich gegen Verlogenheit, gegen Phrasen und Formeln, die herzlos sind. Sie lieben die Lebendigkeit, die Offenheit, die Intensität und das Engagement. Umso empfindlicher reagieren sie auf Ressentiments und geistige Unterforderung. Viele wehren sich leidenschaftlich gegen »diesen Gipfel der Verblödung«, der unseren Kulturbegriff bis zur Unkenntlichkeit verhunzt. Herzensgebildete reagieren höchst sensibel auf Ressentiments gegen das Geistige, weil sie sich gegen Fehlentwicklungen entschieden zur Wehr setzen. Und weil sie solche Vorkommnisse als Beispiele für größere Übel halten.

Wie passen nun Leidenschaft und Herzensbildung zusammen? Leidenschaft ist intensive, verdichtete Emotion. Leidenschaftliche Gefühle erfüllen uns von Kopf bis Fuß, innen und außen. Die Welt, die Beziehung zu

sich selbst und zur Umwelt ist eine qualitativ andere. Sie ist intensiv, tief, belebend und kraftvoll. Deswegen behaupte ich, dass Herzensbildung mit Leidenschaft gepaart sein muss. Herzensbildung ist nicht Gefühligkeit oder Gefühlsduselei, sondern sie hat viel mit Energie, Intensität und Lebendigkeit zu tun.
Leidenschaftliche Herzensbildung ließe sich somit in sieben Merkmalen zusammenfassen:

Herzensbildung ist nicht denkbar ohne Neugier und Achtsamkeit.
Herzensbildung ist nicht denkbar
  ohne Großzügigkeit und Toleranz.
Herzensbildung ist nicht denkbar ohne Phantasie
  und Sensibilität.
Herzensbildung ist nicht denkbar ohne Selbsterkenntnis.
Herzensbildung ist nicht denkbar ohne Grenzbewusstsein.
Herzensbildung ist nicht denkbar ohne Offenheit für Kunst.
Herzensbildung ist nicht denkbar ohne das Wichtigste –
  die Liebe.

Nachwort

Vernunft oder Gefühl, Hirn oder Herz – schon von alters her wird diese Gegenüberstellung als Entweder-oder gedacht. Werden Herz und Gefühl doch immer dann als Argument verwandt, wenn etwas unvernünftig ist, aber gleichwohl gewollt wird. Geschlechtsspezifisch formuliert etwa Jean Paul: *Bei Weibern ist alles Herz, sogar der Kopf* und ein dänisches Sprichwort weiß: *Das Herz einer Frau sieht mehr als die Augen von zehn Männern.*
Alle Versuche, eine »Logik des Gefühls« mit den Mitteln des Verstands abzuleiten, waren bislang zum Scheitern verurteilt. Eine »Logik des Herzens« scheint ein Widerspruch in sich, weil der Verstand, wie Blaise Pascal schreibt, die Sehnsüchte des Herzens immer verfehle. Den immerwährenden Konflikt zwischen Kopf und Herz brachte er auf die Formel: *Das Herz hat seine Gründe, welche die Vernunft nicht kennt.* Pascal unterscheidet Wahrheiten, die durch die Vernunft erkannt werden, von solchen, die nur dem Herzen zugänglich sind. Während die Vernunft durch Definitionen (sprich Vereinfachungen) zu ihren Erkenntnissen gelange, erkenne das Herz, indem es fühle. Weil der Mensch nur ein *denkendes Schilfrohr* sei und entgegen der Ordnung des Denkens nicht darüber nachdenke, was Menschsein heiße, sondern vielmehr nur am Tanzen, Spielen, Sich-Schlagen ... interessiert sei, bedarf es Pascal zufolge der göttlichen Gnade, die das Innerste des Menschen, sein »Herz«, ergreife. Wahrheiten des Herzens sind die Prinzipien, aus denen die Vernunft ihre Lehrsätze ableitet. Das Herz, so heißt es weiter, sei der *Name für die Liebesfähig-*

keit des Menschen, die sich auf das Ganze und nicht nur auf dessen rationale, logische oder geometrische Abfolge beziehe. Auch für Rainer Maria Rilke ist das Herz das entscheidende Organ: *Sinn ist gleichsam die Antwort, die das Ding dem Herzen gibt. Ist er da, so gehört er zum Sein des Dinges, aber das Herz musste ihn erst ins Dasein locken.* Max Scheler knüpft mit seiner Lehre von einem ursprünglichen apriorischen, das heißt jeglicher Erfahrung vorausgehenden Gehalt des Fühlens, Liebens und Hassens an Pascals Gedanken an: *Es gibt eine ordre du cœur, eine logique du cœur, eine mathématique du cœur, die so streng, so objektiv, so absolut und unverbrüchlich ist wie die Sätze und Folgerungen der deduktiven Logik.*

Eine explizit pädagogische Ausformung erfährt der Gedanke vom Vorrang des Herzens bei Johann Heinrich Pestalozzi. Ausgehend von der Überzeugung, dass unser Geschlecht sich *wesentlich nur von Angesicht zu Angesicht, von Herz zu Herz menschlich* bildet, entwickelte er analog zu der aus dem Altertum stammenden Einteilung des Seelenlebens in Denken, Fühlen und Wollen (= Handeln) seine Lehre dreier zur Entfaltung drängender Grundkräfte: der intellektuellen, der sittlichen und der physischen Grundkraft. Symbolisch findet diese Dreiheit ihr Abbild in den Organen Kopf, Herz und Hand. Das sittliche Vermögen, welches dem Herzen zugeordnet wird, umfasst aber nicht nur die sittlichen Grundgefühle der Liebe, des Glaubens, des Vertrauens und der Dankbarkeit, sondern auch alle Äußerungen jenes »inneren Sinns«, aufgrund dessen wir Sinn erfahren können, nämlich die Tätigkeit des Gewissens, das Erahnen-Können und das Werten. Dass die intellektuellen und körperlichen Kräfte sich den Herzenskräften unterordnen müssen, hat zur Folge, dass bei allem

Lernen unserer Kinder immer ihr Gemüt angesprochen werden sollte. Die Kinder müssen das Staunen lernen, so dass sie all ihr Tun als Freude empfinden können und in ihnen aus der Liebe zur Sache die Liebe zur Welt erwacht. Werden die Kräfte des Kopfes und der Hand mit den Herzenskräften verbunden und ihnen untergeordnet, so Pestalozzi, werde jede Tätigkeit des Kindes zu einer liebevollen und anmutigen. Da eine solche Art der Herzensbildung bereits in einem Alter angelegt wird, in dem Kinder noch keine Möglichkeit haben, moralische Belehrungen zu erfassen, ist es für Pestalozzi wesentlich, sittliche Belehrungen zu vermeiden, denn: *Das sittliche Gefühl kann in einem Menschen nur durch die gelebte Sittlichkeit der Mitmenschen, deren Vorbildfunktion – im Besonderen die der Erzieher –, geweckt und gefördert werden.*

Was aber ist philosophische Herzensbildung in der verwissenschaftlichten Alltagswelt unserer sogenannten Wissensgesellschaft? Welchen Sinn hat angesichts der unbestrittenen Erfolge des intellektuellen, des reduktionistischen Denkens der Natur- und Technikwissenschaften die Bildung des Herzens? Einen ersten Hinweis liefert uns Irmtraud Tarr mit dem von ihr angeführten Begriff der »emotionalen Intelligenz«. Begriffe wie emotionale Intelligenz sind ein Symptom unserer wissenschaftsgläubigen Zeit, in der auch noch die letzten Bereiche des Menschlichen vermessen werden müssen, um sie mittels Zahlen darstellen und vergleichen zu können. Allen, die beim klassischen Intelligenztest zu kurz gekommen sind, sprich mit einem zu niedrigen IQ (Intelligenzquotient) abgeschnitten haben, können immer noch auf einen überdurchschnittlichen EQ (Emotionalquotient) oder SQ (Sozialquotient) hoffen. Ein solcher Zahlenfetischismus ist bezeichnend für Zeiten, in denen das Verantwortungsbewusstsein der Einzelnen schwindet. Persönlichkeitsbildung, das moderne Wort für die aus der Mode gekommene Herzensbildung, ist das Gegenteil von verantwortungsloser Zahlenhuberei. Immer dann, wenn der Verstand nicht weiterhilft oder seine Logik anhand falscher Prämissen zu fürchterlichen Ergebnissen führt, ist die Stimme des Herzens vonnöten. Ökonomisch betrachtet ist es zum Beispiel nicht wünschenswert, dass alte, zur Erwerbsarbeit nicht mehr fähige Menschen lange leben oder Behinderte geboren werden. Schließlich kosten sie die Leistungsfähigen nur Geld, ohne eine Gegenleistung, ohne einen Nutzen zu erbringen. Andererseits kann Herzensbildung auch geradezu gebieten, einen todkranken Menschen sterben zu lassen, gleichwohl es medizinisch möglich wäre, ihn am Leben zu erhalten. Mittels philosophisch gebildeter Herzen lassen sich also Argumente jenseits jeglicher Ideologien finden, indem Ideologien als solche identifiziert sowie deren Prämissen und Systemlogiken benannt werden. Philosophische Herzensbildung ermöglicht es, da Auswege zu finden, wo die bestehende Systemlogik keinen Ausweg kennt. Philosophische Herzensbildung ist aber keine säkulare Form der Barmherzigkeit. Der wesentliche Unterschied besteht darin, dass religiöse Menschen ihre Systemlogiken, sprich die Dogmen ihrer Religion, nicht in Frage stellen. Philosophische Herzensbildung besitzt noch so viel Verstand anzumerken, dass die Barmherzigkeit beispielsweise im christlichen Glauben letztlich auch in einem ökonomischen Kosten-Nutzen-Kalkül fußt: Ihr Lohn ist Vergebung der Sünden und Einlass ins Himmelreich.

Bedenkenswert ist auch, was Arthur Schnitzler zum Verhältnis von Herz und Verstand anmerkt: *Das Herz ist geschaffen, zu lieben und zu hassen, sich zu freuen und zu leiden, zu jubeln und zu klagen. Wenn es sich aber müht zu verstehen – was allein dem Geiste zukommt, so versündigt es sich gegen seine Natur; und wenn es endlich zu verstehen glaubt, belügt es sich immer nur selbst, und daran geht es zugrunde.*

Aber auch wenn Antoine de Saint-Exupérys kleiner Prinz der Überzeugung ist, dass man nur mit dem Herzen gut sieht, gilt: Einer ungebildeten Vernunft hilft auch ein (ein-)gebildetes Herz nicht weiter!

Dr. B. Reiter

Eine ausführliche Erläuterung des Themas finden Sie in: der blaue reiter – Journal für Philosophie, omega verlag, Stuttgart.
www.omegaverlag.de, www.derblauereiter.de

Literatur

André, C.; Lelord, F.: Die Macht der Emotionen und wie sie unseren Alltag bestimmen. Übers. aus dem Französischen von R. Pannowitsch. Leipzig 2002

Bastian, T.: Die Sprache des Herzens. Von der Taubheit der Schulmedizin. München 1998

Bieri, P.: Wie wäre es, gebildet zu sein? Aus: ZEITmagazin Leben 32/07

Bocchino, R.: Emotional literacy. To be a different kind of smart. Thousand Oaks 1999

De Mello, A.: Eine Minute Weisheit. Freiburg 1986

Flachsmeier, H.R.: Geh aus, mein Herz … Erfahrungen als Arzt und Psychotherapeut. Hamburg 1992

Franck, G.: Ökonomie der Aufmerksamkeit. Ein Entwurf. München, Wien 1998

Fries, N.: Sprache der Emotionen. Bergisch Gladbach 2000

Gaarlandt, J.G. (Hg.): Das denkende Herz. Die Tagebücher der Etty Hillesum 1941–1943. Hamburg 1985

Gerster, M. (Hg.): Das deutsche Herz in Briefen der Liebe. Stuttgart 1935

Gigerenzer, G.: Bauchentscheidungen. Die Intelligenz des Unbewussten und die Macht der Intuition. München 2007

Goleman, D.: Emotionale Intelligenz. München 1995

Klika, D.; Schubert, V. (Hg.): Bildung und Gefühl. Baltmannsweiler 2004

Lange, K.: Herz, was sagst du mir? Selbstvertrauen durch innere Erfahrungen. Stuttgart 1991

Liebertz, C.: Das Schatzbuch der Herzensbildung. Grundlagen, Methoden und Spiele zur emotionalen Intelligenz. München 2004

Marquard, O.: Skepsis und Zustimmung. Philosophische Studien. Stuttgart 1994

Mayer, J. D.; Salovey, P.: The intelligence of emotional intelligence. In: Intelligence 1993/17, (S. 433–442)

Möllering, K.; Behlau, U. (Hg.): Lebenswerte. Orientierung im Wandel der Welt. Leipzig 2001

Neubaur, C.: Übergänge. Spiel und Realität in der Psychoanalyse D. W. Winnicotts. Frankfurt a.M. 1987

Nozick, R.: Vom richtigen, guten und glücklichen Leben. München, Wien 1991

Paddison, S.: The hidden power of the heart. Achieving balance and fulfilment in a stressfull world. Boulder Creek 1992

Reich-Ranicki, M.: Herz, Arzt und Literatur. Zwei Aufsätze. Zürich 1987

Rösing, I.: Weisheit. Meterware, Maßschneiderung, Missbrauch, Bd. 1. Kröning 2006

Schacht, L.: Frühe Trennungserfahrungen: Zwischen Trauma und Kreativität. In: Schlösser, A.-M.; Höhfeld, K. (Hg.): Trennungen. Gießen 1999, (S. 155–170)

Seel, M.: Versuch über die Form des Glücks. Studien zur Ethik. Frankfurt 1995

Seidel, W.: Emotionale Kompetenz. Gehirnforschung und Lebenskunst. München 2004

Siegel, B. J.: Das achtsame Gehirn. Freiburg 2007

Strian, F.: Das Herz. Wie Herz, Geist und Psyche zusammenwirken. München 1998

Tarr-Krüger, I.: Schutzengel – Boten aus dem Raum der Seele. Freiburg 1999

Viscott, D.: Auf und ab. Vom Umgang mit Emotionen. Münsingen-Bern 1994

Winnicott, D. W.: Von der Kinderheilkunde zur Psychoanalyse. Frankfurt a. M. 1983